四特 教育系列丛书 SITEJIAO

与学生谈心理锻炼

《"四特"教育系列丛书》编委会　编著

吉林出版集团股份有限公司
全国百佳图书出版单位

图书在版编目 (CIP) 数据

与学生谈心理锻炼 /《“四特”教育系列丛书》编委会编著 . —长春：吉林出版集团股份有限公司，2012.4

（“四特”教育系列丛书 / 庄文中等主编 . 与学生谈生命与青春期教育）

ISBN 978-7-5463-8643-0

I. ①与… Ⅱ . ①四… Ⅲ . ①青少年－心理健康－健康教育 Ⅳ . ① G479

中国版本图书馆 CIP 数据核字（2012）第 044129 号

与学生谈心理锻炼

YU XUESHENG TAN XINLI DUANLIAN

出 版 人 吴 强
责任编辑 朱子玉 杨 帆
开　　本 690mm × 960mm 1/16
字　　数 250 千字
印　　张 13
版　　次 2012 年 4 月第 1 版
印　　次 2023 年 2 月第 3 次印刷

出　　版 吉林出版集团股份有限公司
发　　行 吉林音像出版社有限责任公司
地　　址 长春市南关区福祉大路 5788 号
电　　话 0431-81629667
印　　刷 三河市燕春印务有限公司

ISBN 978-7-5463-8643-0　　　　定价：39.80 元

前 言

学校教育是个人一生中所受教育最重要组成部分，个人在学校里接受计划性的指导，系统地学习文化知识、社会规范、道德准则和价值观念。学校教育从某种意义上讲，决定着个人社会化的水平和性质，是个体社会化的重要基地。知识经济时代要求社会尊师重教，学校教育越来越受重视，在社会中起到举足轻重的作用。

“四特教育系列丛书”以“特定对象、特别对待、特殊方法、特例分析”为宗旨，立足学校教育与管理，理论结合实践，集多位教育界专家、学者以及一线校长、老师们的教育成果与经验于一体，围绕困扰学校、领导、教师、学生的教育难题，集思广益，多方借鉴，力求全面彻底解决。

本辑为“四特教育系列丛书”之《与学生谈生命与青春期教育》。

生命教育是一切教育的前提，同时还是教育的最高追求。因此，生命教育应该成为指向人的终极关怀的重要教育理念，它是在充分考察人的生命本质的基础上提出来的，符合人性要求，是一种全面关照生命多层次的人本教育。生命教育不仅只是教会青少年珍爱生命，更要启发青少年完整理解生命的意义，积极创造生命的价值；生命教育不仅只是告诉青少年关注自身生命，更要帮助青少年关注、尊重、热爱他人的生命；生命教育不仅只是惠泽人类的教育，还应该让青少年明白让生命的其它物种和谐地同在一片蓝天下；生命教育不仅只是关心今日生命之享用，还应该关怀明日生命之发展。

同时，广大青少年学生正处在身心发展的重要时期，随着生理、心理的发育和发展、社会阅历的扩展及思维方式的变化，特别是面对社会的压力，他们在学习、生活、人际交往和自我意识等方面，都会遇到各种各样的心理困惑或问题。因此，对学生进行青春期健康教育，是学生健康成长的需要，也是推进素质教育的必然要求。青春期教育主要包括性知识教育、性心理教育、健康情感教育、健康心理教育、摆脱青春期烦恼教育、健康成长教育、正确处世教育、理想信念教育、坚强意志教育、人生观教育等内容，具有很强的系统性、实用性、知识性和指导性。

本辑共20分册，具体内容如下：

1.《与学生谈自我教育》

自我教育作为学校德育的一种方法，要求教育者按照受教育者的身心发展阶段予以适当的指导，充分发挥他们提高思想品德的自觉性、积极性，使他们能把教育者的要求，变为自己努力的目标。要帮助受教育者树立明确的是非观念，善于区别真伪、善恶和美丑，鼓励他们追求真、善、美，反对假、恶、丑。要培养受教育者自我认识、自我监督和自我评价的能力，善于肯定并坚持自己正确的思想言行，勇于否定并改正自己错误的思想言行。要指导受教育者学会运用批评和自我批评这种自我教育的方法。

2.《与学生谈他人教育》

21世纪的教育将以学会“关心”为根本宗旨和主要内容。一般认为，“关心”包括关心自己、关心他人、关心社会和关心学习等方面。“关心他人”无疑是“关心”教育的最为重要的方面之一。学会关心他人既是继承我国优良传统的基础工程，也是当前社会主义精神文明建设的基础工程，是社会公德、职业道德的主要内容。许多革命伟人，许多英雄模范，他们之所以有高尚境界，其道德基础就在于"关心他人"。本书就学生的生命与他人教育问题进行了系统而深入的分析和探讨。

3.《与学生谈自然教育》

自然教育是解决如何按照天性培养孩子，如何释放孩子潜在能量，如何在适龄阶段培养孩子的自立、自强、自信、自理等综合素养的均衡发展的完整方案，解决儿童培养过程中的所有个性化问题，培养面向一生的优质生存能力、培养生活的强者。自然教育着重品格、品行、习惯的培养；提倡天性本能的释放；强调真实、孝顺、感恩；注重生活自理习惯和非正式环境下抓取性学习习惯的培养。

4.《与学生谈社会教育》

现代社会教育是学校教育的重要补充。不同社会制度的国家或政权，实施不同性质的社会教育。现代学校教育同社会发展息息相关，青少年一代的成长也迫切需要社会教育密切配合。社会要求青少年扩大社会交往，充分发展其兴趣、爱好和个性，广泛培养其特殊才能，因此，社会教育对广大青少年的成长来说，也其有了极其重要的意义。本书就学生的生命与社会教育问题进行了系统而深入的分析和探讨。

5.《与学生谈创造教育》

我们中小学实施的应是广义的创造教育，是指根据创造学的基本原理，以培养人的创新意识、创新精神、创造个性、创新能力为目标，有机结合哲学、教育学、心理学、人才学、生理学、未来学、行为科学等有关学科，全面深入地开发学生潜在创造力，培养创造型人才的一种新型教育。其主要特点有：突出创造性思维，以培养学生的创造性思维能力为重点；注重个性发展，让学生的禀赋、优势和特长得到充分发展，以激发其创造潜能；注意启发诱导，激励学生主动思考和分析问题；重视非智力因素。培养学生良好的创新心理素质；强调实践训练，全面锻炼创新能力。本书就学生的生命与创造教育问题进行了系统而深入的分析和探讨。

6.《与学生谈非智力培养》

非智力因素包含：注意力、自信心、责任心、抗挫折能力、快乐性格、探索精神、好奇心、创造力、主动思索、合作精神、自我认知……本书就学生的非智力因素培养问题进行了系统而深入的分析和探讨，并提出了解决这一问题的新思路、可供实际操作的新方案，内容翔实，个案丰富，对中小学生、教师及家长均有启发意义。本书体例科学，内容生动活泼，语言简洁明快，针对性强，具有很强的系统性、实用性、实践性和指导性。

7.《与学生谈智力培养》

教师在教学辅导中对孩子智力技能形成的培养，应考虑智力技能形成的阶段，采取多种教学措施有意识地进行。本书就学生的智力培养教育问题进行了系统而深入的分析和探讨，并提出了解决这一问题的新思路、可供实际操作的新方案，内容翔实，个案丰富，对中小学生、教师及家长均有启发意义。本书体例科学，内容生动活泼，语言简洁明快，针对性强，具有很强的系统性、实用性、实践性和指导性。

8.《与学生谈能力培养》

真正的学习是培养自己在没有路牌的地方也能走路的能力。能力到底包括哪些内容？怎样培养这些能力呢？本书就学生的能力培养问题进行了系统而深入的分析和探讨,并提出了解决这一问题的新思路、可供实际操作的新方案,内容翔实,个案丰富,对中小学生、教师及家长均有启发意义。本书体例科学,内容生动活泼,语言简洁明快,针对性强,具有很强的系统性、实用性、实践性和指导性。

9.《与学生谈心理锻炼》

心理素质训练在提升人格、磨练意志、增强责任感和团队精神等方面有着特殊的功效,作为对大中专学生的一种辅助教育方法,不仅能够丰富教学内容,改革教学模式,而且能使大学生获得良好的体能训练和心理教育,增强他们的社会适应能力,提高他们毕业之后走上工作岗位的竞争力。本书就学生的心理锻炼问题进行了系统而深入的分析和探讨。

10.《与学生谈适应锻炼》

适应能力和方方面面的关系很密切,我认为主要有以下几个方面:社会环境、个人经历、身体状况、年龄性格、心态。其中最重要是心态,不管遇到什么事情,都要尽可能的保持乐观的态度从容的心态。适应新环境、适应新工作、适应新邻居、适应突发事件的打击、适应高速的生活节奏、适应周边的大悲大喜,等等,都需要我们用一种冷静的态度去看待周围的事物。本书就学生的社会适应性锻炼教育问题进行了系统而深入的分析和探讨。

11.《与学生谈安全教育》

采取广义的解释,将学校师生员工所发生事故之处,全部涵盖在校园区域内才是,如此我们在探讨校园安全问题时,其触角可能会更深、更远、更广、更周详。

12.《与学生谈自我防护》

防骗防盗防暴与防身自卫、预防黄赌毒侵害等内容,生动有趣,具有很强的系统性和实用性,是各级学校用以指导广大中小学生进行安全知识教育的良好读本,也是各级图书馆收藏的最佳版本。

13.《与学生谈青春期情感》

青春期是花的季节,在这一阶段,第二性征渐渐发育,性意识也慢慢成熟。此时,情绪较为敏感,易冲动,对异性充满了好奇与向往,当然也会伴随着出现许多情感的困惑,如初恋的兴奋、失恋的沮丧、单恋的烦恼等等。中学生由于尚处于发育过程中,思想、情感极不稳定,往往无法控制自己的情绪,考虑问题也缺乏理性,常常会造成各种错误,因此人们习惯于将这一时期称作“危险期”。本书就学生的青春期情感教育问题进行了系统而深入的分析和探讨。

14.《与学生谈青春期心理》

青春期是人的一生中心理发展最活跃的阶段,也是容易产生心理问题的重要阶段,因此要关注心理健康。本书就学生的青春期心理教育问题进行了系统而深入的分析和探讨,并提出了解决这一问题的新思路、可供实际操作的新方案,内容翔实,个案丰富,对中小学生、教师及家长均有启发意义。本书体例科学,内容生动活泼,语言简洁明快,针对性强,具有很强的系统性、实用性、实践性和指导性。

15.《与学生谈青春期健康》

青春期常见疾病有,乳房发育不良,遗精异常,痤疮,青春期痤疮,神经性厌食症,青春期高血压,青春期甲状腺肿大,甲型肝炎等。用注意及时预防以及注意膳食平衡和营养合理。本书就学生的青春期健康教育问题进行了系统而深入的分析和探讨,并提出了解决这一问题的新思路、可供实际操作的新方案,内容翔实,个案丰富,对中小学生、教师及家长均有启发意义。本书体例科学，内容生动活泼，语言简洁明快，针对性强，具有很强的系统性、实用性、实践性和指导性。

16.《与学生谈青春期烦恼》

青少年产生烦恼的生理原因是什么？青少年的烦恼有哪些？消除青春期烦恼的科学方法有哪些？本书就学生如何摆脱青春期烦恼问题进行了系统而深入的分析和探讨，并提出了解决这一问题的新思路、可供实际操作的新方案，内容翔实，个案丰富，对中小学生、教师及家长均有启发意义。本书体例科学，内容生动活泼，语言简洁明快，针对性强，具有很强的系统性、实用性、实践性和指导性。

17.《与学生谈成长》

成长教育的概念，从目的和方向上讲，应该是培育身心健康的、适合社会生活的、能够自食其力的、家庭和睦的、追求幸福生活的人；从内容上讲，主要是素质及智慧的开发和培育。人的内涵最根本的是思想，包括思想的内容、水平、能力等；外显的是言行、气质等。本书就学生的健康成长问题进行了系统而深入的分析和探讨，并提出了解决这一问题的新思路、可供实际操作的新方案，内容翔实，个案丰富，对中小学生、教师及家长均有启发意义。

18.《与学生谈处世》

处世是人生的必修课，从小要教给孩子处世的技巧，让孩子学会处世的智慧，这对他们的成长至关重要。本书从如何做事、如何交往、如何生活、如何与人沟通、如何处理自己的消极情绪等十个方面着手，力图把处世的智慧教给孩子，让孩子学会正确处理复杂的人际关系。本书体例科学，内容生动活泼，语言简洁明快，针对性强，具有很强的系统性、实用性、实践性和指导性。

19.《与学生谈理想》

教育是一项育人的事业，人是需要用理想来引导的。教育是一项百年大计，大计是需要用理想来坚持的。教育是一项崇高的事业，崇高是需要用理想来奠实的。学校没有理想，只会急功近利，目光短浅，不能真正为学生终身发展奠基；教师没有理想，只会自怨自艾，早生倦怠，不会把教育当作终身的事业来对待。学生没有理想，就没有美好的未来。本书就学生的理想信念问题进行了系统而深入的分析和探讨，并提出了解决这一问题的新思路、可供实际操作的新方案，内容翔实，个案丰富，对中小学生、教师及家长均有启发意义。

20.《与学生谈人生》

人生观是对人生的目的、意义和道路的根本看法和态度。内容包括幸福观、苦乐观、生死观、荣辱观、恋爱观等。它是世界观的一个重要组成部分，受到世界观的制约。本书就学生如何树立正确的人生观问题进行了系统而深入的分析和探讨，并提出了解决这一问题的新思路、可供实际操作的新方案，内容翔实，个案丰富，对中小学生、教师及家长均有启发意义。本书体例科学，内容生动活泼，语言简洁明快，针对性强，具有很强的系统性、实用性、实践性和指导性。

由于时间、经验的关系，本书在编写等方面，必定存在不足和错误之处，衷心希望各界读者、一线教师及教育界人士批评指正。

编者

目 录

第一章

学生的不良心理透视

1. 难以控制的心理焦虑

情绪像是一个晴雨表，它可以晴空万里，也可以乌云密布，关键要看你如何去掌控它。

你不能左右天气，但你可以改变心情；你不能改变容貌，但你可以展现笑容；你不能控制他人，但你可以掌握自己；你不能预知明天，但你可以利用今天；你不能样样胜利，但你可以事事尽力……很多事情都是可以选择的，情绪也是一样，你选择什么样的情绪，就拥有哪种颜色的天空，拥有什么颜色的天空，你就拥有什么样的人生。所有的一切，都在你的掌控之中。

你的困惑：随着年龄的增长，我的心理问题也随之不断的涌现了出来。我常常会感到莫名的紧张，内心惶恐不安，易烦易躁，还会失眠，我不想这样，却又无法摆脱，我该怎么办呢？

心灵故事

韩若是一名从各方面来讲都非常优秀的高中生，但在面临人生的转折点——高考时，她突然不会说话了。

这件事让韩若的家人及周遭的朋友都很是惊讶，18岁的小若十几年来一直生活在一个贫困的家庭中，父母虽没有什么稳定的工作，但却艰难地支撑着这个家并负担着三个女儿的学费。小若在这样的环境中成长，所以学习一直很勤奋，成绩也一直名列前茅。从上高中她给自己定下了目标——一定要考上清华大学。因为在她看来，想要减轻家里的负担，就必须有一份好工作，要想有一份好的工作就只有考上清华大学。期盼已久的高考已临近，可她并没有兴奋的感觉。

“可是如果考试失利怎么办？爸妈失望不说，就连转变家庭命运的愿望也无法实现了。”这可怕的结果一直缠缚着她的大脑，在这样的“自我加压”下，她的近几次模拟考试成绩都很不理想，这导致她的思想压力越来越重。在这样的恶性循环下，逐渐出现了烦躁、紧张不安、失眠等人们常说的高考综合征，以至于最终发展到最严重的地步——失语。

心灵透视

对于青少年来说，学习成绩的好坏直接影响到今后的升学和前途，当今社会各行各业竞争激烈给他们造成巨大的心理压力。有调查显示，78%的青少年都存在着“学习压力太大”和“学习成绩不好”的心理焦虑。像小若这样自尊心和进取心都很强的青少年会有很高的自我要求，适当的自我施压可以促进青少年的成长，但如果这些心理压力没有及时得到疏导，就会越积越厚，严重时会使其因为学习压力而走入心理困境无法走出。

在高考和中考前，有些班级会设立这样的倒计时牌“距高（中）考还有30天”等等，当内心敏感的青少年学生每每看到，就会心里焦躁。因为对于一些心理脆弱、调节能力差的学生来说，这个倒计时牌无疑是极具刺激性的，也是可能引发青少年心理焦虑的导火索。

焦虑是一种心理状态而不是一种情绪，已被列入心理疾病的行列。在这个充满不确定因素、浮躁涌动的时代，使人们很容易生活在焦虑当中。

这种病症以青少年居多，其中以女孩最为多见。这类青少年常常因学习成绩差，对陌生环境反应敏感，而紧张不安，甚至惶恐不安，敏感多虑。对老师的批评，同学的看法异常敏感，常常担心被别人嘲笑。过分地关注尚未发生的情况，并会因此毫无根据变得烦躁。这类青少年突出的表现是焦虑程度过高，经常处于过度担忧、害怕的状态，对日常一些微不足道的小事，也显得过分焦虑。

心理焦虑的症状是内在的症状，外显性不强，焦虑使人长期处于烦躁、急切、提心吊胆、紧张不安的心境，让人感到似乎就要大难临头或危险迫在眉睫，但实际上并不存在什么危险或威胁，却不知道为什么如此不安。当焦虑症发作时，其表现为过度烦躁，焦虑不安，睡眠不好，做噩梦，讲梦话，食欲不振，心跳，气促，出汗，尿频，头痛等植物神经功能失调的症状。心理焦虑会对青少年的日常生活及成长产生严重的影响。心理焦虑的青少年可能会不断的担心自己的学习成绩，尤其是在各种考试之前，便会异常的紧张，寝食不安，精神不振。焦虑的特点是没有明确对象和具体内容的恐惧。

心理焦虑的人就像一个放哨站岗的士兵，每时每刻都对周围环境的每个细微动静都充满警惕。由于他们无时无刻不处在警惕状态，影响了他们干其他所有的学习与生活，甚至影响他们的睡眠。

心理焦虑症与先天素质和后天环境因素有密切关系。这类心理疾病就有敏感，自信心不足，自尊心又很强的性格特点，容易紧张，多虑，少言寡语。但这些症状很容易让人忽视，认为这只是心情不好，或是青春期性格在发生变化而已，其实不然。造成心理焦虑症的重要原因有：

（1）家长对青少年的过于苛求，一心“望子成龙”，却从不去考虑这些要求是否会对青少年的成长造成影响，家长的施压与权威，让青少年整天处于紧张状态，久而久之，便导致了青少年心理过分焦虑而影响生活。

（2）家长对青少年的过于溺爱，如果家长对青少年过于宠爱，对其百依百顺，这样就会使青少年不能正确地认识自己。一旦脱离家庭，在社会上或学校里碰到一些不顺心的事时，就容易发生过度焦虑。

（3）老师的教育方法不当，现在式的教学过度地追求“高分数”、“高升学率”，对学生进行“题海战术”等，教育内容过多，采用“填鸭式”的教学方法，使青少年学生们负担太重，接受不了，也易形成过度焦虑反应。

解开心结

有人曾对一所普通高中高三的学生做了心理状况的调查，结果发现，大约有1/2的学生在不同程度上存在着心理问题，而心理焦虑问题最为突出。这些学生主要是为明天的出路而焦虑，能否升上重点大学而焦虑，但表现形式大同小异，都是感到焦虑不安、精神紧张、恐慌、郁闷及无所适从。

短时期的焦虑，对身心、生活、工作无甚妨碍；长时间的焦虑，能使人面容憔悴，体力下降，甚至诱发疾病，给身心健康带来影响。

青少年正处于心理成熟的发展期，是心理调节的不稳定期，也是人一生中焦虑反应发生的高峰期之一，故而青少年焦虑反应发生率高并不足为奇。但对此不可掉以轻心，因为如果不能及时调理，焦虑反应持续下去其危害很大，可逐渐发展成为神经衰弱，对日后身心健康影响颇大。所以，帮助青少年远离心理焦虑问题刻不容缓：

（1）要增加自信心自信是治愈神经性焦虑的必要前提。大部分的青少年是由于对自己没有信心，对自己完成和应付事物的能力有怀疑，从而夸大自己失败的可能性，导致了忧虑、紧张和恐慌。所以，要远离心理焦虑，第一步就是减少自卑感。应该相信自己，每增加一次自信，焦虑程度就会降低一点，恢复自信，也就是最终驱逐焦虑。

（2）学会自我放松，自我解压也就是学会从紧张情绪中解脱出来。当情绪紧张时不妨深吸一口气，再想象着把压力或缠绕你思想的不良情绪缓缓呼出。事情都有两面性，尝试着多去想想好的一面，逐渐将阴暗的情绪赶出大脑。

（3）自我反省有些青少年是由于对某些情绪体验或欲望进行压抑，压抑到无意中去了，但它并没有消失，仍潜伏于无意识中，因此便产生了病症。所以，你只会莫名的感到焦虑不安和痛苦，却找不到原因。因此在这种情况下，就需要进行自我反省，把潜意识中引起痛苦的事情诉说出来。必要时可以以不伤人伤己的方式发泄一番，发泄后焦虑一般可消失。

（4）可以适当地进行自我刺激心理焦虑一般都是脑中总是胡思乱想，坐立不安，百思不得其解，痛苦异常。这个时候采用自我刺激法，转移自己的注意力。比如在胡思乱想时，做一些自己喜欢做的事，看富有逻辑性的侦探小说，或从事紧张的体力劳动，从而忘却痛苦的事情。这样就可以防止胡思乱想产生不良情绪，同时也可增强你的适应能力。

2. 消极的思想情绪

你的困惑：同学们都说“我就是这样，改不了了。”、“我无能为力。”、“我不得不如此。”、“我就是学不会！”、“办不到，我没有时间。”这些是我的口头禅。后来我发现，我的确爱把类似于这些消极的话语挂嘴边，所以我很不快乐……

心灵故事

故事之一：

小丹今年上高中了，升入高中后由于教师的教学方法发生了变化，竞争对手也发生了变化，使她感到十分不适应，导致学习成绩下降，从初中时的全年级前几名落至高中的141名。这是她长这么大以来，第一次感觉自己这么的无能。每当想起父母的殷切的期望，看到他们的目光，就让她觉得非常难过，不知如何做才能达到父母的要求。如今，苦闷、烦恼、忧愁、气愤充满头脑，看见书就又恨又怕，真想把它扔出去。成绩更是一落千丈。

故事之二：

一次，有一个小孩子和家人玩纸牌游戏，连续几次都拿了很差的牌，因此连输几局。他开始不高兴了，不断地抱怨，没有好牌，赢不上一局。他母亲看着他的牌，正色对他说：“如果你真要玩，真想赢，就必须用手中的牌玩下去，不管那些牌有多好或有多坏！人生也是这样，就像牌局永远是偶然的结果，但是不管你的运气有多差，牌有多差，你都得无条件的接受，你能做的就是要尽全力的把握每一把牌，将它打到最好。”后来，小男孩谨记母亲的教诲，一步一步地成为少校、中校、上校、少将、盟军统帅。这小孩子就是艾森豪威尔，美国历史上第三十四位总统。

心灵透视

在生活或者工作、学习当中，每个人都会遇到类似以上的体验：那就是对一切都漠不关心，凡事都提不起兴趣，遇到事情时总认为自己肯定做不好因而也懒得去做它。这是所有的人都有一个共同的弱点，遇到困难的时候，屡次不进，就会想到退缩，或者容易在这时接纳他人哪怕有意无意的消极影响。这种心境在心理学上称为消极心态，是与积极心态相反的一种情绪，它是时时干扰我们工作和学习的一种心态。轻易接受消极影响的这种弱点的破坏性极大，因为多数人不知道这种弱点像敌对阵营中钻入了对方的内奸一样，他会想方设法阻挠破坏你积极的一面，使人心情特别压抑，情绪低落，会使人丧失斗志，放弃理想；消极心态严重的人往往不愉快，情绪不稳定，对身心造成损害，易患多种疾病。

消极情绪包括：忧愁、悲伤、愤怒、紧张、焦虑、痛苦、恐惧、憎恨等。消极情绪的产生是因人因时因事而异的，主要有以下几点：

害怕失败。失败是每个人成长过程中的必修课，所有人都遭受过无数的挫折，因此，这种失败的恐惧感就一直潜藏在我们的身体里面，随时威胁着我们。久而久之，就会造成内心的胆怯和懦弱，从而产生消极的想象力和预期的失败感。

自我认识的错误。每个人都对自身有一个印象和评价，这就是自我认识。这种认识在我们的一生当中是非常重要的，它是决定自己行为方式的重要因素。一个人之所以这样做而不那样做，是因为他认为，他这样做更符合他的“我观”，即更符合他的身份、年龄、性别、品德、能力等等。对青少年而言，如果他觉得自己是优等生，他就会为此而努力，尽量避免其他的干扰因素，而如果他认为自己智力不好，他就会有意无意地原谅、纵容自己成绩差、无能，他的行为目标，可能仅仅是不做白痴，那么最终的结果也就是丧失对自己的信心，使假想心理成真。

做事经常半途而废。在遇到困难时候，首先想到的就是挫折可能带来的种种伤害。“害怕”是因为对自己没有把握，自认为能力不够，自信不足，同时，总是看到事物消极的一面，因而显得胆小、脆弱、忧虑、犹豫、找借口。在这样心态的影响下，这种“害怕”就会与日俱增，心理的承受能力会越来越低。于是轻易就会被困难吓倒，造成推卸责任，消极被动。

解开心结

那么，怎样战胜消极心理呢？

（1）永远不对自己说“我不行”。

在生活和学习的过程中，要学会经常对自己说“我能行。只有在比较中发现自己的长处，才能找到肯定自己的支撑点，才能树立信心。任何人都有长处，同时也有短处，例如理科成绩比较好的同学，文科成绩不一定突出；做难题高明的同学，容易的题目的正确率不一定高。总之，只有学会在比较中挖掘自己的长处与优势，才能对自己充满信心，走出消极的困扰。

（2）注意力转移法。

当青少年们遇到严重的挫折或伤害时，往往会产生愤怒、恐惧、焦虑等强烈的情绪反应，在这种激情状态下，最容易一时冲动，做出违反情理的事，这时要理智地控制自己。将注意力转移到较感兴趣的活动和话题中去。多回忆自己感到最幸福、最愉快的事，以此来冲淡或忘却烦恼，此来缓解不良情绪的影响，从而逐渐达到心理上的平衡。其次可以自觉地改换环境。如外出散步、旅游参观，调换居住地点等。这样可以冲淡消极情绪的影响。

（3）寻找适当的宣泄方法。

当心中有烦恼、不痛快、伤心的事时，不要闷在心里而要找有关的人、自己的朋友或亲人倾诉。即使他们不一定找得出好的解决办法，自己说出来也是一种释放，于身心有益。长期强制压抑情绪，会使内心的体验变得更加强烈，从而有可能导致心理疾病。当你遭到突如其来的灾祸，精神受到打击心里不能承受时，可以在适当的场合放声大哭。这也是一种积极有效的排遣紧张、烦恼、郁闷、痛苦情绪的方法。倾诉，只有情绪发泄出来，精神才可以得到放松，消极情绪才能逐渐消除。

（4）对自己有一个客观的评价。

遇到挫折，应先从自己的主观方面去寻找原因。坚信“人无完人”，每个人都有长短处，只要积极有为，扬长补短，“长风破浪”就会“有时”；不要担心不如别人，要接受自己，确立一种自强、自信、自立的心态，不要让自卑情绪成为你的主宰。需要注意的是，在与别人进行比较的时候，要知己知比，有其可比性。例如：相比的两人能力、知识、技能、投入是否一样，否则就无法去比。有了这一条，人的心理失衡现象就会大大降低，也就不会产生那些心神不宁、无所适从的感觉。否则，将会产生消极的自我否定心理，大大影响做事的积极性。

（5）随时调整自己的目标。

在某些情况下，虽经努力也难以达到目标，很容易陷入一种困扰、迷茫的心境之中，这时要客观地分析情况，对自己预期的目标进行调整、修改，使它更切合实际，这样就容易获得成功，摆脱受挫的心境。只有对自己的目标随时做出调整，使其符合自己的能力范围，才能获得相应的成就，产生自信心。当然，有时候挫折也是难免的，青少年朋友们要学会在生活的挫折中吸取经验，反复磨练，提高自己的挫折耐受力。

（6）正确的对待失败，战胜失败机制。

“失败机制”是个不断自我加强消极症状的系统，它能瓦解我们潜在的积极乐观的本能。失败机制包括挫败感、攻击性、不安全感、孤独感、不确定感、愤怒感、空虚感等等，这些看似小的心理，却常常是导致人生挫折的罪魁祸首。所以，要想开启快乐生活之门，就必须要战胜他们。你可以尝试新事物，在尝试的时候，必然会被失误困扰，不要拒绝错误，轻松地承认错误，但是要藐视错误，宽容自己一如宽容你的朋友一样，否则你就会扼杀你的尝试。在不断的失败与努力中，开发自己的潜能，不断的自我完善，恢复自我的本来面目。

（7）适当的放松自己。

当你受某道题困扰，当你对自己的能力产生怀疑时，不妨停下所做的事，做一个深呼吸，然后休息一会。如果可以，改变一下环境。还可以做一些放松的练习，它们可以让积极的思想代替你的消极思想。用宽松的环境来调适一下自己紧张的心情，以恢复身体的各种功能，但这种调适必须是健康有益的，否则就会适得其反。比如，来一次散步或者远足，读一本好看的书，听你喜爱的音乐。做一些把自己的注意力从思考中解放出来的事情。放松要适可而止，要有度。

3. 难以承受生命之重

你的困惑：我们学校又有一名女同学自杀了，她是因为告白遭到拒绝而服毒自杀了。前不久就有一位优等生因为高考落榜而在学校的大楼上跳楼身亡，现在又出现这样的情况，我真的无法理解，他们为什么会选择这样极端的方式去解决问题？他们的心理为什么如此脆弱呢？

心灵故事

故事之一：

这是一个年仅15岁的学生，名叫乐乐。他平时学习上受到老师的好评，性格比较内向，但并不自闭。但是就在一个风和日丽的上午，他服毒自杀了。

在得知乐乐自杀的原因后大家都很吃惊，他自杀的原因很简单：在课间活动的时候，沉浸在节日喜悦中的乐乐因为没有完成作业，受到年轻的班主任老师李可的严厉批评。李老师把他的作业本撕毁，扔到他的脸上，让他“滚蛋回家”。乐乐听后非常气愤，转身就朝家中跑去，在外工作的父母下班回来后，发现了已告别自己花样年华的乐乐的冰冷地尸体……

故事之二：

十六岁正是一个花样的年华，正值花季的小晓却在家中吃药自杀了。

小晓生前曾是父母和老师的骄傲，她不仅学习优异，而且能说一口流利的英语，平时喜欢摆弄吉他，弹唱流行歌曲，经常参加学校的演讲比赛及歌唱比赛。有天，她找妈妈给她买一张唱片，是小晓最崇拜的偶像刚出的新专辑。但是妈妈却以“快要升学考试了”为由拒绝给她买唱片。为此，小晓很是生气，便和妈妈进入冷战。

几天过后，小晓的妈妈在数次遭到小晓的冷脸及冷言冷语相待后，终于忍不住大发脾气：“那个破明星有什么好的，就为一个见都没见过的人你摆脸给谁看哪，一个学生不好好学习，每天就知道追星，看你以后也不会有什么出息，干脆不要上学了，回来让你一次追个够！”

小晓把自己关在房间里眼泪流个不停，她不明白平时对自己有求必应的妈妈为什么会变成这样。最终她选择了喝下大量的安眠药来结束了自己的生命。

心灵透视

此类案例在当今社会中并不少见，造成这种结果的原因正是因为他们的心理太脆弱，承受能力太差。以至于乐乐在受到老师的批评后选择服毒来结束痛楚，而小萍也选择相同的路。面对青少年人群中不断出现的新问题，除了加强家庭和学校教育，帮青少年树立起一个正确而积极的人生目标，注重培养他们形成顽强而坚韧的性格外，青少年也应正确地对待在学习和生活中出现的压力，以达到及时消除心理障碍，避免更多的悲剧发生。

现代青少年中不断涌现出一些让我们始料未及的新问题，当前中学生心理脆弱、承受能力差的现象较为普遍，而造成这种现象的原因主要有以下几种：

（1）心理压力过大。

青少年的心理压力主要来自于家庭方面。现在的学生很大一部分都是独生子女，作为家里的“独苗”，父母给的爱多，期望也多且重。有一些家长溺爱子女，使他们缺乏锻炼，独立解决问题的能力较差，面对挫折的承受能力也降低了。来自家庭原因包括两种情况：一种是家庭不关注孩子青春期的教育，把孩子完全交给学校，子女缺乏来自父母的关爱，生活中面临的具体问题也得不到父母的指导，易走极端。比如打工者子女出现的问题；另一种是过度保护，家庭什么都包揽，也容易让青少年心理脆弱，经不起挫折。另外，家庭残缺或父母关系紧张也是造成学生心理脆弱的一个原因。在这样的家庭中，家庭关系紧张导致的敏感孤单的心理使他们在面对挫折时容易一蹶不振，从而造成不能正视现实生活中的波动和挫折，影响其人格的发展和完善。

（2）未经挫折，依赖性强。

在家人和周围环境的宠溺下长大的青少年，往往有着非比寻常的优越感。生活的一帆风顺让他们习惯了在平静的大海中航行，以致稍有些风浪，他们就会不知所措，心理难以承受。有经历才会有成长，人人都不喜欢挫折，但挫折又不可否认的是助人成长的重要元素。青少年心理脆弱也跟其年龄也有一定的关系，由于他们涉世不深，又正逢角色和身份的转变时期，必须面对很多从未体验和经历过的问题。这对那些习惯依赖父母的青年而言，就更难把握自己。

学生在长期的传统方式管理下，绝大多数一直处于被动地位，逐渐丧失了主体意识，依赖父母、依赖老师、依赖他人，一旦失去依赖，便无所适从，导致心理承受能力很差，不会孤立的处理问题，喜欢否定自己，害怕失败和挫折。

解开心结

当今社会中，青少年由于心理承受问题，因为一些皮毛小事而轻易结束自己生命的事件其实并不少见。那么为何青少年的心理会如此脆弱呢？这个问题已经越来越受到大家的关注。

青少年时期是最重要的时期，健康的身体和心理对于以后的成长有着举足轻重的作用。青少年在这个时期的生长发育旺盛，同时也会有多种不良心理问题滋生。在现实生活中，这样的现象是很多的：有的同学考试成绩不理想。则垂头丧气，心情苦闷，严重的甚至怕见人；有的同学受到家长或老师的批评，便不吃不喝、生气、使性子等。这就是一种普遍的心理问题——心理脆弱。心理脆弱的主要表现就是面对挫折，会怯弱，后退，害怕，不敢迎难而上，给自己施压，从而导致了以极端的了断方式去逃避。这种不能承受挫折与打击的脆弱心理，使得他们行为难以捉摸，处事较为极端，还会带来很多社会问题，危害很大。所以当代青少年应该学会消除其脆弱心理，增强心理承受能力，学会以积极的心态对待挫折。以下是具体的方法：

（1）学会正视挫折，随时做好面对挫折的心理准备。

当然，每个人都希望自己是幸运之神，挫折这个词最好与自己无关，但是，“一帆风顺”、“心想事成”只不过是人们的美好愿望而已。在生活中、学习中、工作中，总会有需求得不到满足、愿望不能实现的时候。要认识自己所面对的周围环境，并且要调整自己，使之适应环境。要正确的认识到挫折是任何人都无法避免的。生活中、学习中、工作中都会有不同的挫折潜伏着，随时会来考验你，所以就要求青少年能够积极地面对挫折，做好充分的心理准备，那么当挫折来临时就不会不知所措。

（2）学会如何应付挫折。

只有应付挫折的思想准备还远远不够，还需有应付挫折的方法。遇到挫折首先要沉着冷静，自我疏导。面对挫折不能自卑，要有憧憬，要告诉自己挫折背后就是成功，只要有信心，不放弃，鼓足了勇气迎难而上，总会克服困难的。有些挫折，以一个学生的能力，确实无法独立解决。这种情况下，学会去寻求他人的帮助。当遇到挫折时，往往当局者迷，自己百思不得其解，这时候如果求助于家长、老师或者同学，往往能抓住要害，对症下药，走出困境。挫折之后要善于总结经验，从中吸取教训，这样就会尽可能地避免重蹈覆辙，将失败作为成功的筹码。

（3）注意培养受挫后的恢复能力。

乐观的人并不是没有痛苦，而是能很快从痛苦中解脱出来，重新振奋精神。与挫折过招的过程是让人郁闷的，有的人会在挫折过后仍然保持这种不良的情绪一段时间，有的甚至会更久。所以这就需要有一定的方式方法来引导自己从挫折的阴影中走出来。比如：对生活要抱有乐观态度，要以微笑去面对每天的人和事，胸襟要开阔，丰富自己的知识，多交朋友，走出自我的封地。或者可以告诉自己，挫折并不可怕，就如暴风雨，一旦过去，留下的只是能够让人展颜欢笑的一迹美丽的彩虹而已。不妨把挫折看作是一件不完全的好事，因为它让你成长。

4. 深陷抑郁的沼泽

你的困惑：期中期末考试、各种课外学业、中考、高考、考研、考博，不停的考试，再加上感情因素、生活压力、虚拟网络等，我觉得学生是人生最苦最累的日子，我终日被这些东西所累，我从来不知道什么是快乐，也不知道如何去面对以后的路，因为我看不到未来的光明，而尽是灰暗。

心灵故事

正值花季的小瑶是职业高中高三的学生。原本一个活泼的女孩子，却在高三的前半学期无诱因的开始出现失眠、头晕、头痛、胸闷、心慌、上腹不适等症状，整天胡思乱想、郁郁寡欢，对前途悲观绝望，常常无精打采，精疲力竭。之前很爱学习的她，现在也失去了兴趣，经常旷课，不愿参加集体活动，也不愿说话，对即将来临的高考也失去了原有的信心，她甚至想到了退学。几次向父母提出都被劝说了回来，但即使回到学校，她上课的大多时间也是在发呆，而且经常会感到脑子不够用，记忆力下降，注意力不集中。就连生活作息也受到了影响，晚上难以入睡，早上却醒得很早，常常清晨4、5点就醒了，一醒就发愁这一整天该怎么过。这样的情绪一直左右着她，让她觉得生活没有希望，自己是一个废人，还连累了家人，很想一死了之，曾多次自杀未遂。

心灵透视

这个故事里的小张就是典型的抑郁症患者。抑郁症是一种较持久忧伤情绪体验，并伴有躯体不适和睡眠障碍的问题，多发于青少年，并女孩多发于男孩。在我国，抑郁症的患病者约2600万人，17

岁以下儿童和青少年之中有*3000*万人受到情绪障碍和行为问题的困扰。其中抑郁症的发病又位居精神疾病中的首位。由于青少年处于心理转变的关键时期，他们还没有具备适当的能力和技巧去应对挫折，加之目前的教育制度及父母的期望值过高给心理造成很大的压力。因此容易产生抑郁的情绪。

青少年抑郁症的发病率一直处于上升趋势，但人们对此病仍是“不识庐山真面目”。患者自身识别率几乎为零，学校、家庭、社会对本病的识别率平均不足*1%*，一些综合医院的识别率仅为*15%*左右。病患者常心烦意乱，郁郁寡欢，常逃学，要求调换学校，对一些喜欢的事情失去兴趣，情绪低落，学习不集中，易疲劳失眠，头晕胸闷，不愿与父母交流不管父母对错都在抵触，当青少年发病时，常常被误诊为头痛、神经衰弱、精神分裂症、心血管系统及消化系统等疾病，耽误了及时治疗的时间。下面，向广大青少年朋友们提供几点自鉴方法。

没有活力。青少年本应处于人生活跃的年龄阶段，但是患病的青少年们却感到整个人已经垮了，他很明确主要不是身体没有力气，而是精神上丧失了动力，做什么（包括自理生活）都需别人催促或推他一把，否则就根本不想动。不少病人挣扎着想振奋起来，但总是坚持一段时间后，就又放弃了。

有睡眠障碍。睡眠问题也是忧郁症患者常出现的毛病，这些患者所谓的“睡不好”包括比正常情况多花两个小时以上才能入睡的“入眠障碍”，就算入睡后也会在中途醒来好久次；或者比正常睡眠时间提早两个小时醒来，称为“早醒型失眠”等。

反抗父母。有些青少年因为父母的管教过严，到了青春期或走上社会后，不但不跟父母沟通交流，反而处处与父母闹对立。一般表现为不整理自己的房间，乱扔衣物，洗脸慢，梳头慢，吃饭慢，不完成作业等。在学习上表现为逃学，旷课，较严重的夜不归宿，离家出走，跟父母翻过去的旧账，甚至要与父母断绝关系。

无望感。感觉自己或者环境一无是处，或是感觉过多的、不恰当的内疚，感到个人的一切都很糟糕，前途暗淡无光，对未来丧失希望是抑郁症的一种表现。即使是面对坦途，也并无喜，反而感到忧伤和痛苦。如考上名牌大学却愁眉苦脸、心事重重，想打退堂鼓。有的在大学学习期间，经常出现休学退学的念头。

情绪波动较大。一天中的大部分时间意志消沉，几乎每天如此。青少年表现为情绪的莫名急躁，经常是坐立不安和焦虑，有时达到激烈的程度。焦虑可以引起缺乏耐心和愤怒，并且即使是低度的压力，也使人难以应付。

有自杀的趋向。重症患者利用各种方式自杀。反复出现自杀的念头而没有明确计划，或试图自杀，或有明确的自杀计划。对自杀未果者，如果只抢救了生命，未对其进行抗抑郁治疗（包括心理治疗），患者仍会重复自杀。

解开心结

抑郁症给青少年的成长造成了极大的危害，因为由其导致的自杀可给家庭带来不可估量的伤害和损失。那么，青少年如何走出抑郁呢？

安排一些有益的活动。抑郁的时候，常会感到自己不得不做一些令人厌倦的事情。现在，尽管令人厌倦的事情没有减少，但可以计划做一些积极的活动，即那些能给你带来快乐的活动。例如，你可以看看自己喜欢的书，和朋友一起出去踏青，或者做些运动。抑郁的人常常把时间用在痛苦的挣扎中，很少参加集体活动。有时候就算是出去玩了，也会常常想到其他的事情，比如，作业没有做完，衣服还没有洗，会因此而产生内疚感。其实，抑郁的人需要积极的活动，否则，就会像不断支取银行的存款却从不储蓄一样。积极的活动相当于你在银行里的存款，哪怕你所从事的活动，带来的积极效果极其微小，你也要为此而高兴，因为你的存款又增加了。

培养幽默感，学会自嘲。经常看看自己身上有哪些可笑的行为和观念，但不是完全否定自己，两者要区分开来。不妨把自己的人生看作是一出戏剧，而且还是一部传奇浪漫的喜剧。不管是生活，还是学习当中，无不是戏剧化的场景，在演戏的同时，不要忘了欣赏。培养幽默感不仅能使生活变得诙谐，而且可以使人变得更有吸引力。研究证明，一个不懂幽默的人，他就不懂调节情绪的方法，他所遇到的困难也就越多，他的情绪也最容易消沉。

不要过度的追求完美。别求尽善尽美，比如在公共汽车上被人骂了一句，觉得损害了自己的形象，转而又埋怨自己不好，认为自己无能，处处都倒霉。其实，这是自寻烦恼。要改变不正确的自责习惯。不要什么事做完之后，都要对自己挑剔一番，事事都觉得不对，都后悔，那么，这将会使你在做其他的事情时，变得畏首畏尾，顾虑重重，徒增心理上的压力。

善于挖掘自己的优点。只有使自己的优点在自己身上明确起来，使其发扬光大，使缺点与优点在自己身上明确地分离开，让缺点在心中变得渺小，使其发扬光大的良好品质真正地在自己身上起支配作用，建立积极的心态，这样才能更好地表现最好的自我，更积极主动地充分发展最好的自我。青少年朋友如果能够如此肯定自己，你才能得到和优秀学生一样的肯定，从而走向成功。

运用欲擒故纵法。美国一项研究表明，要消除抑郁，必须要正视抑郁，敢于体验抑郁，即每天拿出一段时间专门进行忧虑，即“用忧虑战胜忧虑”。专家们发现，尽情地忧虑一段时间，更能驱除忧虑。但是，这样做需要有一个良好的指导，否则，如果没有把握好度，将会陷入更深的心理泥沼里。心理学家建议这样做：①平时通过想象、放松、转移注意力等方法打断忧虑，告诉自己，会有时间专门去忧虑的；②每天专门抑郁的时间不要超过半个小时；③专门忧虑时不要坐自己平时常坐的座位，以免以后一坐这座位就产生忧虑，也不要在晚上睡觉前安排专门忧虑。这样可以逐渐消除抑郁情绪。

让抑郁症远离这个花一样的年龄，青少年朋友们要有意识地倾听自己内心的需求，时不时地停下匆忙的脚步，反省一下是否伤害了自己，伤害了别人，这样才能走出抑郁的沼泽。让快乐围绕在我们的左右，让成功变得可能，让我们成为一个身心都健康的人。

5. 生理缺陷的苦恼

青春期是一个人继婴儿期后，人生的又一个生长发育高峰。在这个时期，男孩女孩们从一个个懵懵懂懂的青少年逐渐长大，并开始拥有人生最美丽的花样年华。除了在思想上逐渐变得独立，开始懂事、成熟外，少男少女们在生理上也不断的发生的变化。

很多青少年也因为自己身体的变化而困惑不已，也许是不了解自己的身体变化的关系，他们会对种种现象产生各种各样的烦恼。所以，对于正处在青春过渡阶段的少男少女们来说，只有更多的了解自己的身体，才能更好的帮助自己走出心灵迷区。

你的困惑：我不是一个完整的人，与其他青少年相比，我的身体有欠缺，所以我不敢奢望快乐。我觉得从一生下来我的人生就不可能完美了，曾经很多次我都想结束自己的生命，但是我没有勇气，这让我更加看不起自己。

心灵故事

张星出生于河北省一个普通农民家庭里，在家排行第三，家里有一个哥哥，一个姐姐。张星自幼就得了小儿麻痹症，经过5年的诊治，两条腿最终还是留下了残疾。

在病情好转后，张星就缠着父母要上学读书。刚开始，他都由哥哥姐姐背着上学的。后来，他开始一瘸一拐地自己连走带爬地上学。很快，聪明伶俐、好学上进的小张星就赢得了师生的喜爱。但是，双腿的残疾还是让他在学校里受到了同学们的歧视。为了不辜负父母和老师的期望，张星忍辱负重地读完了小学、初中。

2006年，张星以全县统考第5名的优异成绩考入了县重点高中。然而在体检时，他却被无情地刷了下来。眼巴巴地看着朝夕相处的同学升入高中，而自己只能面壁独处，张星心中痛苦万分。而此时，村里人也开始议论纷纷："小瘸子捞不着（不能）读书了！""小瘸子"这个字眼就像皮鞭一样抽打着张星。

一天，远处隐隐传来的"铛铛"的上课铃声，这就像针扎一般刺着他的心。张星觉得，残疾将注定他的一生都是灰暗的。于是，痛苦、失落、绝望深深地笼罩着他……

终于有一天，张星趁家人不在，自己偷偷挪到父亲放农药的屋里，仰头喝下了一瓶农药……

心灵透视

张星的事迹无疑是个悲剧，但在现实生活中，确实有很多中学生由于某些生理缺陷的原因而产生轻视自己，认为自己不如他人的心理状态。如有的因生理上的缺陷（如残疾、个子矮、其貌不扬），或者有口吃，或乡土口音较重等原因，不愿引人注意，凡事不多开口，遇事总爱往后退缩；有的因家庭不幸难以摆脱阴影，躲避人多繁杂的场合，甘愿独处等。其实，这些都是不健康的心理状态，这些心理如不能得到及时的调整，就有可能造成与张星一样的后果。

那么，生理缺陷究竟会对一个人的心理状态造成什么样影响呢？下面就让我们对这一问题进行剖析。

剖析生理缺陷对青少年心理的影响

（1）自卑是具有生理缺陷的青少年最大的心理障碍。

具有生理缺陷的青少年由于自身的生理缺陷，往往不能够正确对待自己的社会地位，易产生自卑心理。这是他们最大的心理障碍。而自卑又容易使他们离群、孤立、丧失自信、缺乏荣誉感，外在表现则为忧郁、悲观、孤僻等。

其次，自卑一旦产生，就会使人变得性格内向，情感脆弱，体验深刻，害怕当众出丑，而这些消极的自我暗示则会抑制交往中的自信。在面临新环境时错误的衡量自己的能力，消极心理暗示造成的心理负担限制了能力的发挥导致失败。这种结果形成一种消极反馈，印证了自卑者的认识，使自卑感在内心根深蒂固。如此一来，具有生理缺陷的青少年就容易自我认识不足，对自己估计过低。他们常常通过别人的评价和与他人比较认识自己的长短优劣，性格内向的人往往愿意接受较低评价，以己之短比人之长，同时反省自己，过度严格要求自己，但是却越来越觉得自己不足，形成消极自我评价的恶性循环。这最终就导致了他们的感受性高而耐受性降低，以至于在受到难以忍受的打击时，他们再也无法肯定自己了。

（2）自卑心理寻源。

心理学家分析，具有生理缺陷青少年的自卑心理大多源自于儿童时代。由于自身的生理缺陷和环境的压力、家长的态度、家庭的娇纵和放任、特殊学校的教育环境、社会的态度等方方面面的原因，他们渐渐产生了强烈的自卑心理。这些自卑心理在儿童时期的典型特征为：长年情绪低落，过度怕羞，拒绝交朋友，对挫折或疾病难以承受，难以集中注意力。此外，在生活中还过分追求表扬；对于他人，喜欢贬低，产生妒忌心理；对于竞争、竞赛，常常持回避态度，对自己容易自暴自弃。

（3）具有生理缺陷青少年的自卑表现。

具有生理缺陷的青少年由于生理缺陷、性格以及生活环境的不同，自卑感的表现也有所不同。具体来说，主要以下五种类型：

①孤僻怯懦。

这类生理缺陷者常常认为自己处处不如别人，谨小慎微，他们对外界、生人和新环境有一种畏惧感和不安感，生活状态常常处于忧伤之中。

②咄咄逼人。

这类生理缺陷者一般以被动角色出现，但在某些条件下以盛气凌人的进攻形式表现出来。比如脾气暴躁，动辄发怒，即使是鸡毛蒜皮小事也要借口挑衅等。这是当他们自卑到极点时，采取怯懦已经无法排解自卑之苦之后采取的行为方式。

③滑稽幽默。

少数生理缺陷者还有自嘲或扮演滑稽角色的表现，这都是用来掩饰自己内心自卑的。

④否认现实。

很多生理缺陷者由于没有信心和勇气去改变和面对现实，就采取了否认和回避现实的方式，典型表现为借酒浇愁，严重的就是自杀。

⑤随波逐流、认命。

这类生理缺陷者不敢有独立主张，尽量与别人保证一致享受一种安全感；也有部分生理缺陷者也曾努力拼搏过，但都失败或未达到心中的目标，于是他们就认命了。其实这还是源于心中的自卑。

由上面的剖析我们可以发现，具有生理缺陷的青少年，首先在自己的心理就有阴影，对自己容易产生不自信甚至自卑的心理。此外，由于外在环境因素，比如家长的不理解，他人的嘲讽、歧视等，使得他们往往容易产生极端的想法，如文中的张星同学一样。

因此，具有生理缺陷的青少年要想拥有自己精彩的人生，要克服的挫折是非常多的，而其中最重要的一点就是要正视自己的生理缺陷，不要让它成为永远笼罩在自己头上的一片阴霾。

解开心结

青少年应当学会正视自己的生理缺陷，只有这样才能打造人生的精彩，如果连自己都看不起自己，终日自怨自艾，那么还有谁能帮得了你。要知道，自己才是自己最好的医生，自己的人生路也必须由你自己来走，坚强且勇于挑战的人，永远都是生活的主人。对此，心理专家做出了几点建议，可供参考：

第一，正确认识自己，提高自我评价。具有生理缺陷的青少年产生自卑心理最主要的原因就是在社会学习及交往中不能正确认识自己和对待自己。因此，要改变自卑，首先就要从改变认识入手，要善于发现自己的长处，不断肯定自己。

第二，改变认识问题的方法。不要再把与他人比较作为衡量自信心的唯一标准，要学会多与自己的过去比较来获取自信。

第三，正确认识自卑。很多生理缺陷青少年的自卑心理好像就是自己的“天性”似的，无法有效克服，于是自己就产生悲观心理。其实，在现实生活及学习中，自卑者往往比较谦虚，善于体谅人，少与人争名夺利；安分，为人处世小心谨慎，稳妥细致。而一般人都比较相信他们，乐于与之相处。而这些其实都是优点，生理缺陷者如果能认识到这些优点，就有利于自卑感的消除。

第四，进行积极的自我暗示，自我鼓励。具有生理缺陷的青少年要经常对自己进行积极的自我刺激过程，即使自己处于不利地位，也要鼓励自己，增加信心，凡事不应当奢望过高，要从实现微小目标，获得微小满足开始。只有从自己能够把握的小小成功中不断获得胜利的信心，才能逐步走向自信，走进生命的春天。

第五，积极与他人交往。具有生理缺陷的青少年要学会多与他人交往。这样，你就能够感受他人的喜怒哀乐，心胸自然就会变得开阔起来。此外，通过与人的交往，可以倾吐心声，了解他人的长处、短处，在比较中正确认识自己。通过与人交往，就可以看到许多人也像自己一样在挣扎，在苦闷，与他们分享个人的生活经验。这对促进自我转变是有很大益处的。

6. 难以言讲的性心理

哪个少年不善钟情？哪个少女不善怀春？这是青少年生理和心理发育的正常表现。

随着性生理的发育，青少年的性心理也随之发展。随着日益增长的性兴趣与愿望，如何适应社会文化的要求而加以控制，是青少年们必须面对的问题。同时，更重要的是如何建立起自己的“心理性别”。怎样才能引起异性的好感与喜欢，如何与异性朋友结交相处等等，是青少年们必须去学习并且建立的“心理性别”。只有“生理性别”与“心理性别”相一致，才能完全定义为男性或女性。这些心理上的问题，也常是青少年的烦恼的来源。

你的困惑：好奇心的驱使，我通过杂志、电影等渠道认识了两性关系，并且从此而一发不可收拾。我就好像是上了瘾一样，不论是在学校还是在家里，我的脑子里全是那些污秽的画面，看到父母或是异性就会想象到那些东西……最近我开始不敢看人，我觉得他们可以看穿我的脏思想，在所有人的面前，我都抬不起头。

心灵故事

自从上高二以来，我上课精神老是不集中，学习成绩也开始下降，整个人记忆力开始减低，乏力，失眠，人际关系比较复杂。其实，这其中的主要原因是，有一次我到一个朋友家里玩，当时朋友家里正在放黄色录像。从那次看完黄色录像后，电视上的那些淫秽镜头就时常浮现在我脑子里，很难消失。我整天也开始胡思乱想起来，学习成绩直线下降。平时若是见到女生，我也不敢抬头，觉得自己好像很丢人似的。

我知道我这种心理状况是很不正常的，但我也不知道该怎样去排解。这种想法好像已经深深植入我的脑海中，严重影响了我的学习。我很少交异性朋友，这样的问题也不好意思说给别人。我该怎么办呢？

心灵透视

文中这个男孩子的问题属于典型的青春期性心理障碍。在高中毕业前夕，该男生不能把旺盛的精力投入到学习和其他有益健康的活动中去，反而整天沉浸于性幻想之中，这是一个很值得引起深思的问题。

其实，无论男女，进入青春期以后，由于性发育逐渐趋于成熟，自然而然就会萌发各种性幻想，产生对性的好奇和追求。但该同学此时看到的黄色镜头不仅加重了性幻想，而且在生活和学习当中这些镜头变得更为生动形象，因而占据头脑的空间太大了，占据的时间过长了。这样不仅有损健康，而且还会影响学习。

受传统思想的影响，我国青少年的性教育比较缺失。由于性发展受到压抑，因此经常发生偷看黄色录像，早恋及过早性行为等问题，是我国青少年较为突出的心理行为问题。下面，我们就这一问题对青少年性心理进行剖析，对“性”这一心灵死角进行一次彻底地清理。

进入青春期的青少年，是未成年到成年的过渡阶段。在这一阶段，他们的心理发展和生理发育往往不同步，具有半成熟、半幼稚的特点，对自己身体的变化也往往会产生不知所措，甚至恐惧的心理。此时，青少年的性心理如果得不到正确地引导，则会导致心理失误，甚至心理滑坡。

(1) 性心理的形成及其影响。

青春期是青少年的大脑日趋走向成熟的时期，这个阶段的青少年在生理和心理都发生了巨大变化，尤其是性器官的发育及第二性征的出现，不管是少男还是少女在心理上都发生了巨大变化，最为明显的是性心理特点。

此时，青少年的心理活动千变万化、丰富多彩。同时，由于生理的发育逐渐成熟，其心理便自然产生了性意识，并渴望了解性知识，这就是性心理形成的主要原因。大部分青少年都能顺利地度过这一阶段，但有些青少年却因为不断的生理变化在心理上会产生不安的情绪，进而影响到其身心的健康成长。

青少年要正确对待青春时期出现的一些性生理心理现象，对性欲冲动要保持冷静、理智的态度，在成长发育期间产生的性生理疾病和性心理障碍，要学会自我调节、自我完善。

(2) 青春期性心理的特点。

①强烈的性欲望。

青少年们具有强烈的性欲望是性成熟的一种正常生理和心理反

应，也是一种比较常见的自然现象。然而，这种自然现象可以通过坚强的意志来加以调节和控制。思想健康、意志坚强的人能够调节自己的性心理的，同时，也能控制自己的性思维和行为，从而保证身心健康的成长；相反，如果意志薄弱、追求低级趣味的人，则很容易受性欲望的驱使，并做出一些有损自己身心健康的事，甚至导致性犯罪行为。这种行为对青少年的健康极为不利。

②迫切地追求异性。

处在青春期的青少年渴望得到性爱，为此他们也希望自己能得到一个理想的配偶，这是人之常情，可以被理解。但作为一个有梦想、有志气的青少年，则应该坚持自己的原则，把学习和理想放在第一位，正确处理好青春期的性欲望，使自己保持一个良好的心理状态，用自己的满腔热情和全部精力投入到学习中去，而追求异性不是这一阶段应该做的事。

③对性充满好奇。

由于青少年对性知识缺乏了解，于是对异性便容易产生强烈的好奇心。这个年龄阶段的青少年不仅渴望了解性知识，而且还想了解自身性发育的情况，更想弄清楚异性的奥秘，对性充满好奇。也正是由于这种强烈的好奇心，他们希望并且渴望与异性交往。

④暂时的疏远异性。

在青春的发育初期，青少年经常会避开异性同学，这种现象女生比较多见。这主要与生理的发育因素有关。由于第二性征的出现，使青少年对自身的生理和形态所发生的剧变感到茫然与害羞，所以才会不由自主地对异性产生反感和疏远。

⑤羡慕长者的无忧无虑。

青少年时期经常会对周围的一些优秀人员有仰慕爱戴、心神向往的心态，而且会模仿这些优秀人员的言谈举动，以至入迷。这些都是不成熟的典型表现。

解开心结

通过上面对青春期性心理的分析我们可以了解到，对于青少年来说，青春期性教育，是一件与个人有关的大事，这不仅关系到能不能处理好青春期生理、心理方面的问题，还关系到自己的人格教育。

案例中的那位男生正是由于不能处理安顿好自己的性心理，对性知识缺乏了解，所以才会出现种种思想问题，影响了自己正常的学习和生活。因此，广大青少年必须学会驾驭自己，要知道自己的发育特点，包括性心理发育的特点，知道自己对性的好奇是生理上、心理上的正常现象，把握好自己，不要为自己的性幻想觉得荒唐，或者性好奇的情况而感到内疚或恐惧，思想上不要背上包袱，理智控制自己的行为。

青少年要学会不断调适自己的心理，特别是调适自己的性心理，消除对性的神秘感，有意识地培养自己高尚的情操和坚强的意志品质，用理智战胜本能，正确处理好青春期性心理问题，把旺盛的精力投入到学习知识上。只有这样，才能让青春闪耀，让生命无悔。其具体的自我调节方法如下：

（1）坚持与异性朋友文明交往。

在这个社会上，学习、工作和生活都不可避免与异性交往。如果与异性的交往不慎，就会带来很多不必要的苦恼和麻烦，尤其是青少年时期的男女青年。因此，青少年应该树立正确的交往理念，在与异性交往时要坚持自然、大方、文明。对于青少年来说，正是钟情怀春的初期，在此交往时更应该心地坦白、自然大方。如果对某个异性产生好感时，要学会理智地控制自己，战胜情感的冲动。

此外，在交往时，也要注意时间、地点和场合，要注重自己的言谈举止，既要热情、大方，又要文明礼貌，努力把自己塑造成一个高尚风度的青少年。

（2）大量补充知识。

在当前的知识大时代，知识就是万力能源。一个人知识越多，就越聪明、理智，其精神生活也就会越丰富多彩，生活就会充实、快乐。这样，一个人也就不会把注意力过于集中在性方面了。所以，青少年要把精力放在学习科学文化知识上，同时，也有必要掌握一些性知识，这样就可以摆脱性恐惧、性愚昧、性神秘所带来的烦恼了。

（3）不要接触那些不良的刊物。

像色情书刊、影视或图画等这些东西，都会刺激青少年性冲动，它不仅影响青少年的正常学习和生活，还容易诱导青少年走上性犯罪的歧途。所以，青少年在受教育的过程中，一定要严格要求自己，要努力抵制那些不良的影像书刊的诱惑，确保自己健康快乐地生活。

（4）做一个有理想的人。

青春期是人一生中的黄金时期。一个有理想、有目标、有追求的青少年，会在精神鼓舞下千方百计克服种种困难；然后，积极向上，不断进取。因为学习和事业在生活中永远占主导部位，而恋爱和婚姻只是生活的一部分。所以，对于一个有理想、有抱负的青少年来说，应时常把精力放在学习和追求理想方面，要摆正自己的学业和生活位置，把握好事业与爱情的关系。

（5）自我调节与自我暗示法。

青少年时期需要锻炼坚强的意志，如果出现性冲动，可用自我暗示法来调节自己的情绪。比如在自己的情绪比较激动时，自己告诉自己“要冷静，不要冲动”等。这种自我暗示，对于疏导、调节青少年的性欲冲动常常有着很大的积极作用。

总之，为了自己的身心健康成长，我们不应过分地控制对性的感情和表现，要让自己对性建立一个正确的观念，最终使自己成长为一个高尚、健康、幸福和有所作为的人。

7. 狂热地追星、捧星

掌握正确的方法，让你的行为不再成问题。

青少年是祖国的未来，所以对青少年的教育刻不容缓，要想从根本上解决青少年的行为问题，就要使青少年了解自己在青少年时期的生理和心理发展规律。青少年期是人一生中发展变化非常迅速的时期，是个体生长发育的鼎盛时期，这个时期的身体和生理机能都发生急剧的变化，成为生长发育的高峰期。

他们的很多行为做法都让父母头疼，让社会吃惊，行为与心理之间到底存在着什么样的关系呢？

你的困惑：“啊！某某明星和我握手了！”、“别洗这件衣服，有明星的签名呢！”这些话经常从青少年的口中冒出来，那么到底该如何对待“追星”这种行为呢？面对那些迷茫与狂热的眼神，许多青少年朋友发出了这样的疑问。

心灵故事

2003 年 4 月，歌星、影星的张国荣跳楼自杀，震惊港台演艺圈，也震惊了无数喜欢他的歌迷，很多歌迷都无法接受张国荣已经死了的事实。大连一位 16 岁的少女只因父母不给她买张国荣的 CD，在家中自杀身亡以示抗议；一位 17 岁的少女在张国荣死后的第二天，就不再上学，只待在自己的小屋里听着张国荣的歌，两年里足不出户；一名因喜欢张国荣而辍学的少女，因忍受不了父母的责怪和偶像张国荣去世的打击，拿起刀片割腕自杀。虽经抢救脱险，但对生活已心灰意冷。

2007年，一名女歌迷为了见偶像刘德华，从十六岁开始，荒废学业和工作，曾四次前去香港见偶像，父母为圆女儿梦想而倾尽家产，最后老父亲客死异乡，而女儿依然不知悔改。其实，这样疯狂的追星事件一直都在不停上演，有因迷恋明星而见不到吞药自尽，有嫉妒明星结婚扬言要杀其恋人的……频繁出现的疯狂追星事件让人震惊。

心灵透视

追星，在当今社会是一种很普遍的现象，“追星族”这个名词越来越普遍，尤其是青少年，他们似乎是“追星”的易感人群，对于自己所崇拜的偶像，看他主演的每一部影片，听他唱的每一首歌曲，对他的比赛更是一场不缺。谈到偶像的一切，都如数家珍。这种“追星”现象到底该如何看待呢？

有心理学者指出，青少年的追星行为有如“青春痘”，是青春期不可避免的现象。这与他们所处的这个年龄阶段的心理特点有着直接的关系。偶像崇拜是青春期的心理特征之一，是青春期心理需要的反映。就人生发展阶段的规律来说，这种现象不值得大惊小怪。

（1）慕拜心理。青少年成长之际，社会角色意识开始觉醒，非常渴望得到自我认同和社会认同，而明星受公众追捧、风光无限，往往成为青少年模仿的榜样。青少年们所追的星，男的大多英俊潇洒、风流倜傥，扮演的也多是些义胆冲天、侠骨柔肠的铮铮铁汉；女的则羞花闭月、沉鱼落雁，扮演的也多是些娇媚可人、善良温柔的亭亭玉女……通过模仿明星的服饰、爱好、习惯，想象自己也像那个被人喜欢的人，借此获得满足感。

（2）从众心理。因为喜欢明星而喜欢自己，因为有一群人都喜欢某个明星，因而获得自信与归属感，是青春期青少年特有的心理表现。在中学生中，追星现象很普遍，势力也很大，以致本来没多大心情追星的同学，为了不被看作“落伍”，不被视为“异端”，也自觉不自觉地入了流。

校园追星族的出现自有它的成因和必然。追星本身并不一定是件坏事情。追星是一种精神享受。就像养花爱好者把喜怒与花草联系在一起，养宠物者把哀乐与小动物联系在一起，集邮爱好者把情感寄托在邮票上一样，只是各自的爱好不同而已。有相当一部分年轻人追星和崇拜偶像，有自己独特的见解。他们没有盲从性，能从明星身上学到好多好的东西，如：某些歌星、影星为慈善事业捐款、看望艾滋病孤儿等等公益活动。他们知道，追星是为了追求明星的亮点，学习明星好的东西，并以此为榜样，在学习和生活中严格要求自己，培养自己积极奋进的精神。从这方面来说这是可取的，并且是可以大力宣传的。

然而，少数“追星族”对心中的偶像盲目崇拜，狂热模仿到发疯、发烧、发昏的地步，则会产生不良后果，对其个人和社会都有一定的危害。如果追星成痴、成迷，甚至神思恍惚，坐立不安，无心学习，或日夜苦求“星”的出现，就确实属不正常的“情结”了。每次有知名演艺人员开演唱会，常见“追星族”一路跟踪、呐喊，甚至不惜逃学、打地铺，熬夜排队买票，就为了一睹心目中的偶像。有些青少年为了看明星的演唱会而逃学，整天沉迷在明星的世界里，上课精神不集中，回家头一件事就是听唱片看电视，不认真学习和完成作业，学习成绩不断下降，甚至出现厌学、弃学，导致学业的荒废。这是不现实的，也是不可取的。

解开心结

年轻如花一般的岁月，每个人的心中都会有自己的偶像，每一个年代都有每一个年代的明星。明星是什么，明星只是事业成功的一群人，喜欢他的人于是就把他当作自己的偶像，当作自己的奋斗目标。

虽然歌迷偏执的行为只是个别现象，除了少数疯狂得无法自拔的粉丝，多数追星族还是有自己独特的见解，能正确分析偶像的优点和不足。但明星越来越多，追星族越来越庞大的今天，我们不能不把目光聚焦在追星族的心理健康和人格健康上，如今，追星现象已成为一个社会问题。

如何正确的追星、健康的追星？如何通过安全理性的方式来抒发自己对偶像的喜爱之情，并以其优点为榜样，在学习和生活中严格要求自己，培养自己积极奋进的精神？

对于追星族来说，摆正心态是最重要的。明星是自己的偶像，并不在于他的外表，而是他们艰苦奋斗成功的精神。也就是说，追星族所追求的应是明星成功前的奋斗精神和顽强毅力，而不是他无聊的八卦新闻。就如郑智化，两岁时就患小儿麻痹不能走路，直到七岁时通过手术才能靠双拐走路。可他身残志不残，通过自己自强不息的毅力打造了一片属于自己的天，唱红了大江南北，实现自己的理想。追星是为了帮助自己进步，而不是为了某一个明星而失去自己。

追星对青少年来说是一种正常的心理需求和行为表现，但要把握好分寸，要做到以下几点：

（1）不盲目追星。

你所崇拜的应该是真正值得你崇拜的，是那些高超的人格与气度，而不是虚有的外表；是那些不仅仅可以吸引你目光的光鲜，更应该能震撼你的心灵。事实上，在我们的生活中，明星远不止影视歌星和体育明星，还有众多的科学之星、政治之星、思想之星、技术之星……他们给我们人类带来的是更大的幸福和财富，更值得去学习。

（2）不疯狂追星。

不要滥花时间和钱在追星上。几乎所有的人，当他从青年走向中年时都会发现偶像毕竟是偶像，他们往往是昙花一现。当稚嫩的心逐渐成熟，那“星”光就逐渐暗淡。追星也就没有什么可夸耀的，更不应该成了你生活的全部。所以，不要在追星中失去你自己，因为你最终只能成为你自己，不会有任何的改变。

（3）因势利导，培养具体的兴趣爱好。

追星不是生活的全部，你可以培养一两种具体的兴趣，如音乐、舞蹈、体育项目、航模、收藏、制作等等，这样，既可以使你的追星兴趣得到适当的降温，也可以使你把精力和时间顺利地转移到健康有益的兴趣上来。

（4）善于从自己所崇拜的偶像身上吸取积极的人生经验。

一个好的偶像能使人的生活变的充实、丰富，生活的目的更加明确！慎重选择值得追的星，以他为榜样和偶像，在给你的生活增添色彩的同时，“超过他，也成为明星”的念头会激起你更多的潜能！

偶像崇拜是青少年对人生追求的体验，是人生的一个重要过程，每个时代的青少年都有自己人生的理想，心目中追求的人生目标和偶像，当前的追星也是这样。但是，要知道凡事都有一个度，过度，就会走向反面。在追星而发烧时，能不能留给自己一点理智，克制一下盲目，多看一点现实，少回味一点梦幻，多一点创造，少一点模仿……正确认识追星现象，正确引导追星情结，把学习放在首位，成为德智体全面发展的特色社会主义建设人才。

8. 两肋插刀的“哥们义气”

你的困惑：我们学校近来出现很多帮派，他们每天称兄道弟，醉心于哥们义气式的友谊，喜欢依照武侠小说中的那些“侠客”们“拜把式”的朋友关系，“一方有难，八方支援”。因此，打架斗殴就成了学校里常会出现的表演，我想问，难道男生就必须要讲哥们义气，帮他们犯错误吗？这是真正的友谊吗？

心灵故事

故事之一：

在校学生段某敲诈了同学梁某、胥某的钱物，次日，梁某约了三位朋友来“讨回公道”，那三人一听朋友受欺负，很是气愤，于是找到了段某，将其毒打一顿。段某遭到毒打很不服气，便找了四五个哥们，将梁某围堵在回家的路上，其中段某持刀，杨某等人手持钢管，致使段某多部位软组织损伤。这几名青少年的行为已构成了犯罪，受到了法律的制裁。

各类报刊中不乏这样的事件，由此也不难看出，这些青少年的做法很大程度上是因为哥们义气浓所造成的。

故事之二：

小王是大学二年级的学生。在平时的生活中，小王做什么事情都很积极活跃，在大学一年积累了不少的哥们关系。平时你今天给我一盒烟，明天我请你吃顿饭，你早晨帮我教训了一个“冤家对头”，晚上我就替你给“仇人”放血。小王知道这不是真正的友谊，只讲哥们义气也是不对的，但是为了“义气”，为了面子也不得不帮朋友，最终也导致自己陷入了错误的深渊而不能自拔。

心灵透视

中国人向来都把义看得很重。儒家尊崇的“仁、义、礼、智、信”中的“义”就排在第十位。学生之间要不要讲点“义气”呢？要！但不能讲“哥们义气”。因为，哥们义气是一种基于无知和盲从，无情感基础的冲动，是一种非理智的行为，是与现代文明社会极不相容的行为。“江湖义气”或“哥们义气”只讲“友情”不讲是非，与友谊有本质的区别，很多青少年就是因为分不清真正的友谊与“江湖义气”或“哥们义气”而走上违法犯罪的道路。

那么什么是真正的友谊呢？友谊是人与人之间相互尊重、相互信赖的基础上建立的一种美好的情谊。俄国文学家车尔尼雪夫斯基说：“交朋友干什么？为的是到紧要关头能有储备的代办处。”真正的友谊不是在口头上的，要在行动上互相帮助。当遇到困难和危险时，朋友会无私地帮助你；如果有了烦恼和苦闷时，朋友会耐心地倾听，并且为你寻找一种合适的方法摆脱它；当犯错误时，朋友会义无反顾地指出来，帮助你走出迷途。这才是真正的友谊。没有朋友的人通常会感到孤立无援。朋友是成功的催化剂，是心灵的镇静剂，是快乐的源泉之一。

当然，友谊也需要讲义气，但是这种义气并非“哥们义气”。“哥们义气”不是义气。义气者，刚正之气、正义之气也，它是人与人之间的道德关系。如果不辨是非地“为朋友两肋插刀”，甚至不顾后果，不负责任地迎合朋友的不正当需要，这不是真正的友谊，也够不上真正的义气。

刘胡兰为了保全同志们的生命和乡亲们的安全，直面敌人的铡刀，视死如归，连刽子手都不寒而栗，又是何等的正气凛然？而哥们之间那些所谓的义气只是一味的盲从，没有原则，不懂法规，是非不分，相护的包庇。为了所谓的“朋友”，甘愿去杀人放火，被绳之以法时还叫嚷着“二十年后又是一条好汉”。这算“义”吗？哥们义气往往以维护小团体利益为出发点，为了报恩或复仇，不惜牺牲和损害社会或他人的利益，对不是自己的“哥们”则不讲感情，不讲友谊，最终结果必然导致害人、害己、危害社会。可见，哥们义气并不义气，而是流氓气、无赖气、地痞气和混世魔王气，没有一点点正义之气！“哥们义气”与友谊是不同的，每个人都渴望友谊，需要友谊，但是千万不可误把“哥们义气”当作友谊。二者是有本质区别的。

解开心结

如果你正受着“哥们义气”的左右，那么该如何走出这个误区呢？

首先，要拔除哥们义气的思想根源。要认真思考一下，你是为什么对他产生兴趣的，哥们义气有哪些危害？思想决定行动，只有了解了思想症结，我们才能勇敢的告别“哥们义气”，在行动上下功夫。

其次，要积极培养高级情感如道德感、友谊感、集体感、荣誉感等等，去取代头脑中那种狭隘的“哥们义气”。一个人的脑子，容量总是有限的。这方面想得多，那方面就想得少了。只要让健康的思想在你的脑中占据了主导位，那么，那种低级的，狭隘的“哥们义气”就没有阵地了。

再次，理智的思考问题，不要做冲动的奴隶。古人云，“行成于思，毁于随”，就是说多想可以事先避免许多差错。也许你也发现了，以前你受“哥们义气”的影响很深，一个重要的原因便是你容易感情用事，太过于冲动，容易在不理智的情况下做出决定，结果酿出很多祸事。所以遇事要多问几个为什么。这样，再有人用“义气”拉你干错事，你便会有所察觉，不为“义气”所动了。

此外，青少年还要形成正确的交友观。

9. 脾气暴躁还是性格畸形

你的困惑：我原来只是以为自己的脾气不太好，可是，我的暴躁使我在学校里成了“危险人物”、“恐怖分子”，一发起脾气我就难以控制，经常会把别人打得血淋淋的才能解心头之怨。

心灵故事

小枫出生不久以后，他的父母就下岗失业了。从他懂事起他就发现父母经常吵架或打架，有时小枫稍出一点差错，父母就会打骂或恶语相向。在这种环境长大的小枫，从小就养成了强烈的逆反心理和粗暴的性格，如果他在家挨了打就跑到外面去找别人打架出气。他曾经还学过武术，有时父母打他的时候，他就和父母对着干。

小枫费了九牛二虎之力才升入高中，但是，由于他的脾气很暴躁，在与同学相处时，稍有不顺心的就和别人打架斗殴。他还经常在校园内“摆摊卖艺”，向全校师生们炫耀自己的“武艺”。在一次打架中小枫吃了亏，他粗暴的性子使他咽不下这口气，他越想越觉得自己窝囊，于是，就用自己的双手敲打教室的玻璃和门窗，最后，他的双手被砸得血淋淋的……

心灵透视

性格是表现一个人的态度和言行的心理特征。明确地说，它是指一个人对现实生活的态度和行为表现产生的一种比较稳定的心理特征的总和。一个人的性格是在先天的秉赋和后天教育下才能形成并塑造起来的，但是，两者之间在性格中所产生的作用是非常大的，先天给予的是性格的基础，后天教育才是必要条件，两者之间在相互影响和渗透下，才得以形成一个人的性格。

青少年的性格是千差万别、各不相同的，由于他们正处在由不成熟向成熟过渡的阶段，所以，他们的性格极不稳定。性格从萌芽时期到最终的成熟定型是一个漫长而又曲折的过程。如果一个人的性格异常，那么，将会影响着他的品德和发展，影响着他正常的人际关系，最终将不能正常的适应学习、工作和社会活动。有关心理学家认为，人的性格演变过程需要经历童年萌芽阶段、青少年的成型阶段、成年的自我调节修养阶段，进而逐渐走向成熟。

在家里，有些青少年的父母文化程度较高，因此，潜移默化地影响着青少年的自制力和灵活性，进而他们的性格一般都比较稳定；有些文化程度一般的父母，使青少年们的求知欲望和思维能力都比较强，在这种家庭成长中的孩子，他们的性格大多都是争强好胜。在现实生活中，富有同情心、自信心并充满热情的良好性格的人无处不在，但是，小霸王、小公主、任性、傲慢、内向并且难以沟通的人也无处不存。由于青少年时期性格的发展阶段会提早或者延迟，因而，导致他们这些不良的现象。现在有很多青少年都缺少责任心，不管父母是否艰难，在生活上追求高消费，而且，还自认为自己已经长大了，为此，拒绝父母在精神上对他们的关爱。因此，有这种心理的青少年要加强对自己性格的修养，避免形成一些不良的性格。

在日常生活中，青少年的情绪一般表现为思维水平、权衡性较高，他们在情绪的持久性方面表现得比较明显。一般男性青少年的稳定性和果断性比女性青少年要强的多，而女性青少年的权衡性比男性青少年强。这一点在其他因素中我们就不难看出，如所学的专业课程、成绩的好坏、智力水平的高低等与青少年的性格都有联系。因此，导致青少年性格畸形的原因如下：

（1）敏感多疑的青少年，在心理上容易产生固执和嫉妒心，这种类型的青少年不管做什么事都以自我为中心，因此，他们在日常交往中经常与别的同学发生矛盾，遇到不愉快的事情经常责备他人。这种类型的青少年大多表现为强词夺理、固执己见，不愿意接受别人的正确意见。这是偏执性格所产生的原因。

（2）攻击型性格——有些青少年在表面上看着对什么事都百依百顺，但是，他们的内心却有一种隐形的攻击和敌意，情绪也非常不稳定，一旦遇到一些事情就容易兴奋或冲动，严重者还会伤害他人。

（3）有些青少年做任何事情时精力和体力都不足，上课时还容易疲乏，时常精神不佳，情绪不良，意志薄弱，还缺乏热情，遇到困难时惊慌失措。这是无力性格。

（4）有的青少年做事时犹豫不决、拘谨害怕做不好，还常常拘泥一些小事情，对人自身的要求还尽全尽美，有一种来自不同角度的强迫观念。这是迫切性产生的原因。

（5）有的青少年性格较内向，不愿与人交往，总是一个人独来独往，没有一点集体荣誉感，人际关系也不好。这是分裂性格所导致的。

解开心结

以上例子中的小枫就是由于性格粗暴而造成不良的后果。不良的性格对于青少年的生活和学习有着巨大的影响。每个人的性格都不是与生俱来的，而是后天形成的，它会随着年龄、职业、地位和环境等因素的变化而变化，也就是说青少年的性格是可以矫正且具有可塑性的。培养青少年完善的性格是胜过一个重大的发明与创新的。因此，青少年应该怎样才能塑造良好的性格呢？

（1）正确的对待自己。

有的青少年因为自己的身材和容貌等特点而对其性格造成一定的负面影响，这种类型的青少年如果能正确的对待自身的先天因素，从不为自身的貌美而沾沾自喜，也不因生理方面有缺陷而自暴自弃，每天抱着积极向上的态度来提高自身的文化修养，从而就能培养出健全的性格。

（2）培养良好的道德品质。

良好的道德品质对青少年的健康成长是非常重要的，诚实、善良、富有爱心是做人的最基本原则，也是青少年人格健全的必不可缺少的性格特征。而这种性格特点的形成，不只是空洞的说教。善良和爱心是从自己身边的每一件小事开始做起。如果你的爱心与经济利益发生了冲突，你的善意遭到别人的误解，你是无动于衷，还是暴躁如雷呢？所以，在矛盾冲突中，最终演化的是个人性格的一部分，在这种无人知晓的情况下，你的所作所为才能反映出其品格。

（3）保持积极乐观的心态。

每个人的情绪都和性格有着密切关系，青少年如果偶尔心情不好时，那是不会影响个人性格的，但如果长期心情不好，那将会影响你的性格，因此，青少年养成乐观向上的生活态度，对性格发展是非常重要的。

10. 难以控制的网瘾

“谈网色变”是不符合时代的发展的。面对网络最重要的是解决而不是回避。

青少年们对自己的社会环境常常很敏感，崇尚时髦，追随社会上流行的风气，最易被感染或鼓动，也容易批评传统的社会观念。网络是一柄“双刃剑”，它在给青少年网民带来丰富知识、信息的同时，网络中各种消极因素以及青少年对待上网的不正确态度等，也导致了青少年网民出现诸多心理问题。

你的困惑：我无法抵挡网络的魔力，父母不让上网，我就去网吧，不论是游戏还是网聊，都让我兴奋不已。我爱上了“上网”，我无法自拔，它犹如鸦片，让我难以戒掉。但如果一定要拿学习、大学来换的话，我还是想要上大学，我想要逃开网络的魔掌，谁能帮帮我？

心灵故事

浩仁的父母都是教师，浩仁在初中升高中时以全校第一名的优异成绩进入了一个颇有名气的“优等班”。浩仁的成绩一直在班上是第一、二名，但这段时间以来，成绩却急剧下滑，据老师反映，该生逃课已成了家常便饭。原来浩仁上高二后就迷上了网吧，在今年高考前一天的晚上，浩仁出现了精神分裂被送往医院治疗，这实在令人惋惜……

一天深夜，某市几名青少年，连续数小时在网吧玩游戏，钱用光了，但还没过够瘾，便相约上街寻钱，走到街上，看到一个同龄少年边走边打手机，便恶从心中。于是几个人一拥而上，不仅抢走了对方的手机，还用水果刀捅伤了该少年。其结果最后当然是难逃法网。

心灵透视

如今，电子游戏机已从青少年的生活中退出并销声匿迹，但作为电子游戏机的后继者——网吧，则以另一种形式悄然占领了这块失地。网吧作为新时代的产物，令众人着迷，对青少年的影响则更为严重。网吧的适应面积较为广泛，男女老少皆宜，而其内容相较于电子游戏室也是丰富多彩。但它对人们的危害性丝毫不亚于电子游戏室，甚至有过之而无不及，而它对于青少年的危害则更为突出，因为泡网吧者多为青少年。

网吧的利弊，一直是一个热门的话题。客观来说，网络的信息量大，交流速度也快，这不失是青少年寻求知识的一个好的渠道，网吧的出现也为众青少年的交流、创新、娱乐提供了便利快捷的服务。尽管网吧给青少年带来了一些积极之处，但随之而来的消极影响却大于其积极影响的成分。

沉迷网吧有如下危害：

(1) 环境复杂。

在这个复杂的地方，有着各形各色的人出入，青少年单纯的心灵在这里很容易会误入歧途。在媒体上不乏看到，因筹钱上网而联伙偷窃、打劫；为网恋上当受骗，这些都不能不令许多家长谈网色变。青少年由于自控能力薄弱等自身原因与网吧的混乱管理等诸多种种客观因素，让网吧的世界很精彩，也很无奈。由于在网吧，社会各个阶层的人都有，所以难免会有抽烟者，青少年长期处于这种环境中，必会抽烟成瘾。当青少年成为被动抽烟者，必然会对其身体带来伤害。

(2) 网络设置不严。

部分网吧中未设置不良信息过滤器，所以会有各种不健康的信息自动或在青少年不经意的鼠标点击下跳出，如果青少年不能有效的辨别其健康与否，那么这种不健康的信息就会毒害青少年的思想，影响其心理健康。

（3）电脑辐射。

在网吧中至少会有近五六十台电脑设置，主机箱与显示器离得也较近，这样就会产生大量的强辐射，会给青少年的健康造成巨大的伤害。显示器的辐射容易导致近视，也很容易使皮肤干燥缺少水分，引起斑点，电脑主机箱的辐射会让人体的内脏受到严重损伤，再加上长期上网保持一个姿势，会造成身体血液循环不畅，细胞长时间无法进行有氧呼吸，更严重的会患上颈椎病、腰椎病等，对青少年的身体所造成的健康损伤实在是太大了！

（4）摧残身体。

青少年由于长期泡吧导致过度疲劳，再加上网吧空气不流通，人口密度大，烟味、汗臭味、食品味等，可谓是味味俱全；打闹声、机器声、脏话声等，也是不绝于耳；这些飞舞着无数细菌和脏话的环境，严重影响着青少年的身体健康。一般情况下，玩通宵的网迷从网吧走出来时，都是眼睛红肿、两腿无力、蓬头垢面。青少年正处于生长发育的重要阶段，如果不分昼夜、不知饥渴地长时间泡网吧，对其身体的摧残不亚于毒品。

（5）网费容易成为犯罪的动机。

在网吧消费的青少年一部分是在校学生，一部分是社会青年。这些青少年多没有经济收入，衣食住行都靠家长供应。尤其是家庭离异的子女，他们长期缺少父母的教育和关爱，从小随着祖父母长大。这些青少年很容易养成刁蛮任性、颓废消沉的性格，这会令其对人生没有信心，对社会充满敌意。在网费不能支持之时，便会采取极端的方式来抢取财物，从而走上犯罪道路。

（6）形成不良行为倾向。

俗话说："近朱者赤，近墨者黑。"青少年处于心理断乳期，心理上的不成熟，致使他们很容易受外界的影响进而效仿。看到别人做什么，自己也跟着做，包括不良嗜好、外型、动作、服饰等。他们所效仿的事物都是不加分辨的，有时也是无论好坏照单全收。最常见的有：抽烟、讲脏话、不良卫生习惯、打架等。

解开心结

在信息科技飞速发展的今天，互联网正以惊人的速度扩散到我们生活中的每个角落，“网吧”也如雨后春笋般出现。网络和其他新鲜事物一样，也有“双刃剑”效应。对于青少年来说，网上有许多有益身心的东西，如网络学校，即使在天涯海角也能得到名师的指点；有许多适合于青少年所需的知识和游戏；还有各种各样的电子报刊等等。但更值得注意的是，网上也有许多对青少年极为不利的东西，如色情网站、黄色图片的不堪入目，若不正确引导，对青少年的健康成长极为不利，甚至是诱发青少年犯罪的祸根。

众所周知，网络是虚拟世界，但它也脱离不开现实社会，我们不能把它从生活中踢出去。网络中有垃圾，也有宝藏；有精华，也有糟粕。就像生活中人们打的针，吃的药不也都含有毒成分吗？因此，如果青少年真的想上网，可以适当的玩一会，不能因为网络上有垃圾便排斥它，当然也不要因为网络上有宝藏而放纵自己，应该在父母给自己足够的自主权利时，尽力的保护好自己，让自己能够正确上网。

(1) 树立正确的上网心态。

关于青少年上网的观点，大致分两种：一是宣传上网优点与好处，比如可以培养青少年们的自学能力、开拓他们视野等，鼓励父母要支持青少年上网学习；二是批评网络对青少年的危害，如魔幻游戏、网吧等，警告父母要严防死守。两种观点其实并不矛盾，结论也很明显，没有必要因此而因噎废食。

客观地来看，网吧在一定程度上对青少年的健康有着一定的危害。但在信息化纵横的现代社会里，网络的普及，青少年接触到网络这是不可避免的，进入网吧也是必然的。完全禁止青少年进入网吧是不可取的，因为有些家庭里没有电脑装备，这样，无异于切断了部分青少年接触外界信息的途径。一味地强堵并不是良方，疏导才是根本。

（2）调整好心态。

青少年迷恋网吧的原因是多种多样的，有的是出于好奇，有的是出于娱乐、消磨时间，有的是心理压力过大，以此寻找心理释放，无论是出于哪一种原因，总结起来都是心理问题。部分青少年认为学习乏味枯燥，有的则是情绪浮躁，有此类状况实属正常，但他们却都用网吧来作为解开心灵的丹药。所以，青少年应该掌握一定的情绪调理方法，如运动或是找人倾诉，向家长和老师沟通，都是很好调节情绪的方法。

（3）加强自身教育。

青少年要提高自我约束、自我保护的能力。通过父母、老师、媒体了解网络的积极作用，增强自身明辨是非的能力；通过父母和老师的介绍与推荐找到适合自己浏览的健康网站、开辟主体聊天室等形式，深刻了解沉溺网络和在不健康网吧上网的危害。注重增强自身的自律意识，青少年要时刻告诫自己不能沉浸于网上聊天、游戏等虚拟世界，更不能浏览、制作、转播不健康信息，不使用侮辱、谩骂语言聊天，不轻易和网上的朋友约会，要自觉遵守互联网道德规范，自觉抵制不良网络信息的侵蚀，做一个自觉守法的好网民。

11. 网络迷雾中形成的心理障碍

你的困惑：网络给了我关爱，给了我快乐，给了我幸福的感觉，但同时，它也给了我伤害，给了我打击，原来，网络是那些劣性人最好的面具。我的心更加失落，我对这个世界更加失望。

心灵故事

许娜是一名高中生，她不但成绩优秀，而且也人长得很漂亮，是同学口中的天之骄女。但是最近她的家里出了点问题，爸爸妈妈总是吵架，还闹着要离婚。许娜放学回到家里等待她的不再是爸妈关切的话语，有的只是爸妈的打骂声，还有妈妈的哭喊声。后来许娜就越来越不愿意回家了，她整天沉浸在网吧里，上网聊天。刚开始只是放学的时间泡在网吧里，可是后来她竟然逃课去上网。她在网上有许多网友，大家都聊得很好。渐渐地，她发现和其中一个男生特别投机。

后来，一次不太在意的见面，让许娜对这个男孩更加心仪。因为她发现男孩比想象中要好很多，而且男孩的父母也是天天吵架不管他，所以两颗受伤的心就靠得更近了。从此，网恋变成了现实中的恋爱。

经过长时间的相处，许娜发现男孩有许多像她这样从网上认识的女朋友。原来，男孩一直在骗她。这犹如晴天霹雳，许娜的心理实现承受不了。

最近，她没有心思做任何事，不但学习成绩一落千丈，而且还想要割腕自杀。

心灵透视

像许娜的这种网络心理障碍就属于情景性忧郁症，她把自己真实的感情给了一个并不真实的人，在真正相处了以后，发现他根本没有网上那么优秀，感觉也不像在网上那么好，只是虚有外表而已，更没想到男孩是一个专在网上欺骗女孩感情的人。因此造成心理障碍甚至想要自杀。其实对于这个男孩子来说，他自己本身也存在着网络心理障碍。他经常欺骗网上的女孩，表现了他在平时生活中都存在着自卑心理，这样的人特别希望得到关注。他们虚有一个好的外表，就好像“绣花枕头烂稻草”。他在网上把自己说的天花乱坠，其实是一无所有。网络是虚幻的，它会让人们随意幻想，男孩子可以把自己想象成白马王子，女孩子可以把自己想成白雪公主。然而就是在这样过度的幻想里，病态心理产生了。

网络就像巨浪一般不断地冲击着青少年的心灵，关于青少年沉迷网络的原因，有如下几点：

(1) 具有较强的成人意识。

青少年进入青春期后，成人意识变强，认为凡事自己可以处理，但在现实生活中，却经常无法解决遇到的困难，一点小小的挫折就会引起他们的情绪波动。这时，当他们面对无法解决问题、受挫情绪不稳定时，便会不自觉地寻找网络这个可以使他们完全逃避现实，情绪可以得到充分宣泄的虚拟世界。

(2) 对友谊的渴望。

由于目前青少年激烈的学业竞争环境，特别需要别人的理解、认同和支持。但在现实生活中，由于受一些因素的制约，对于人际关系和社会支持、自我实现等各种需要难以得到满足。而这时的网络以它特有的方式和丰富的内容，展示给了人们一种全新的虚拟社会环境，这无疑给青少年提供一个自我需求的最好舞台，在网络游戏中，他们找到了自我、实现了自我，同时也找到了倾诉自我的空间和对象。

（3）能力的缺乏。

青少年正处在心理成熟期，自制能力相对于成年人还比较弱。这一时期，当某一事物使他获得快乐或满足了他在某方面的需要时，他们便会极为渴望再次拥有，而网络游戏、网上聊天及网络上的黄色暴力信息在一定程度上满足了他的感官和心理上的需要。为了进一步获得或持续这种满足，他们便忽视了学习、模糊了是非，一头扎进了这个所谓的“快乐王国”。往往这种重复行为得不到很好的控制，当达到失控的程度时，他们也就上瘾了。

（4）缺乏沟通。

现在的青少年由于面临升学和课程的压力，很多学生与父母之间缺乏很好的沟通。人们常说，父母是孩子最好的老师，当孩子处于这一时期，尤需要来自父母的正确指导。但很多父母由于缺乏耐心，对子女习惯用“家长命令”的形式进行指导，从而忽视了孩子青春期的叛逆心理，进而造成了青少年偏要和父母对着干的局面。

（5）好奇心强、对是非的判断能力弱，对新事物敏感且容易接受。

青春期阶段是人一生中生理和心理成长的重要阶段，这一时期，其生理处于不断发育和强壮中，心理方面的自我意识、性格、是非判断能力、价值观等也多在这一时期逐渐成熟。这一时期的青少年对新事物敏感且容易接受，好奇心强但对是非的判断能力相对较弱。正由于这些缺点，当青少年在网络上接受到一些新鲜事物时，不辨是非、不分好歹地全盘接受了。

（6）因学习成绩差而自暴自弃。

由于沉溺于网络世界而不能自拔的青少年，学习成绩都较差。在现实生活中，他们体验不到学习所带来的成就感，就容易选择网络来满足自己。

解开心结

网络给青少年一个自我创造、扩大交往、增长知识、心理沟通和排解不良情绪的巨大空间，但随之而来也产生了许多负面心理问题，其中“网络心理障碍”已成为一个不容忽视的现代文明病。自私孤独抑郁、网恋、游戏成瘾、色情并称四大“网络心理障碍”，已成为困扰青少年“网虫”的主要病症。

青少年常见的网络心理障碍主要有孤独抑郁、游戏成瘾、色情诱导、时代潮流、“网恋”等。

（1）色情诱导。

现如今的网络已成为最大的色情供应渠道，一些色情网站为了增加浏览人数，往往用一些巧妙的名字，引人误入陷阱。这时的青少年正处在青春发育期，性生理迅速发育，其性心理还处在发展阶段，对性知识充满了好奇，而网络或多或少会使他们获得一些不健康的性知识，并产生性冲动。由于家长的忌讳和学校性教育的缺乏，从而致使青少年的性知识教育跟不上他们的发育需要，如此一来，网络上丰富的色情资源趁虚而入，让许多青少年迷恋其中，欲罢不能。因而出现一些不健康的性心理和行为，损害其身心健康，更有甚者会造成犯罪，从而酿成不可弥补的后果。

（2）游戏成瘾。

成瘾是指一个人无法自制地反复渴望从事某种活动，即使这样做会给自己或已经给自己造成某种不良后果，但仍然无法控制的行为。游戏成瘾是指长期迷恋电脑游戏，上课渐感注意力不集中，从而导致成绩下降。由于长时间沉溺于游戏机房，从而导致生活节律紊乱，视力下降。一旦停止电脑游戏活动，便难以从事其他有意义的事情，情绪低落、思维迟缓、记忆减退、食欲不振，出现难以摆脱的渴望玩游戏的冲动，从而形成精神依赖和相应的生理反应，而当恢复操作电脑游戏后，精神状态便恢复正常。这些行为特征与毒品成瘾行为有着许多相似之处，是一种心理病理行为，因此，它又被人们称为“电子海洛因”。

（3）孤独抑郁。

在网络中，人际交往是通过人机对话来实现的，与现实生活中的人际交往相比，网络中的交往掩盖了许多丰富的内容。即使是眼神、微笑、手势、语调等非语言符号，也存在着情感深层交流能源不足的缺陷。在网上，人们无法体验到现实中的直接情感交流所带来的愉快；人的个性发展和情感需要，特别是其内在的亲和动机得不到充分满足。因而，长期在网上交流，会使人逐渐失去对现实生活的感受力和紧张感，这时，孤僻和冷漠则乘虚而入，从而害怕也不愿与周围的人交往。这种孤独感进而让青少年更加依恋网络，一旦离开则无所适从、烦躁不安，整个人呈现出电脑化、网络化的状态，易产生人际情感淡漠、社会适应能力降低等现象，进而渐渐走向个人的孤独世界，甚至引发严重的后果。

（4）时代潮流“网恋”。

在现实生活中，由于青少年的早恋会受到社会和家庭的限制，所以他们转而在网络上寻求恋爱的对象。但网恋是十分虚幻的，一不小心就会上当受骗。青少年正处在长知识、长身体的阶段，如果过多地接触网络，不仅影响学习，而且易形成内向、孤僻的性格，做事急躁、冲动，对网络恋情寄以厚望。如果一不小心再遭受网恋的打击，势必会影响自己的情绪，而这些情绪一旦带到平时的学习和生活中，必将会给心理造成不可磨灭的阴影。

（5）克服网络心理障碍。

网络就像是一把双刃剑，它在带给人们方便的同时，又存在着让人痴迷的危险。网络以其新奇性、自由性、丰富性、富于挑战性等，极大地满足了青少年的生理、心理需要，形成对青少年巨大的吸引力，如果不给予他们正确使用网络的知识和技能，不使其形成良好的网络意识，其就会被网络中的黄色信息、恶作剧行为、攻击行为等所毒害而难以自拔。这是网络时代心理教育必须关注的一个重要问题。那么，青少年要想克服网络心理障碍，首先就要从两方面做起：

①提高自身修养。青少年要时刻关注自己健康的人格发展，要多与同学和父母沟通，保证信息畅通；注意培养愉快的情绪特征，强化心理健康教育，多了解一些网络成瘾的危害，提高自身修养；通过训练，尽快掌握一些调节心理矛盾冲突的有效方法；要发现自己的兴趣，培养自己的兴趣爱好，多参加一些丰富多彩的活动，交往健康向上的朋友。

②正确地认识网络。在这个信息时代，网络是必不可少的，所以，青少年要正确的对待网络，认清上网的利与弊。利用网络学习是一种很有效的学习方法，适当的上网以作为娱乐，放松精神也是一种休闲的好途径。对于父母的劝解和引导一定要耐心对待，要学会培养正确的观念。

要多与父母进行交流沟通，遇事多跟父母商量解决。对缺乏自控能力有又好奇心，喜欢接受新事物的青少年来说，要适当控制其上网时间，也可以与父母签订协议，以此来培养自律能力，从中学会守时、守信和守约。

12. 整天沉溺于虚拟世界

你的困惑：网络给了我一个虚拟的美好世界，在那里，我可以肆意的想象，我就是宇宙的重心，可是，一旦从网络中脱离出来，我就会发现：原来我是那么的平凡，现实是那么的不可入目。我也知道我是不可能永远生活在网络的虚拟世界里的，但我又无法真正走出来……

心灵故事

这是一个真实的，令人既心痛又匪夷所思的真实案例。一个16岁的初三学生，徐攀，因沉迷于网络游戏的虚拟世界当中而无可自拔，最后选择服用农药来结束自己的生命。

是什么原因让徐攀在16岁这个花一样美好的季节里，选择这么极端的方式来结束自己的生命呢？难道是学习压力过大，或是缺少家庭关爱？其实，在老师、同学、邻居们的眼里，徐攀都是一个幸福的人，他不但生活在一个幸福的家庭之中，经济状况还较好，拥有父母的关爱，而且还没有升学的压力。由此可见，徐攀不可能是因为学习和家庭的原因而走上了绝路。

在徐攀服农药被发现的抢救过程中，他向自己的父母讲述了自己自杀的原因，还有离家11天的出走经历。原来，为了好好打网络游戏而不被父母找到，徐攀并没有像往常一样前往县城里的网吧，而是去了一个乡镇里的网吧。开始他一天吃一袋方便面，后来三天才吃一袋方便面，晚上三个椅子拼起来往上一躺就睡了。在这期间，没有任何人关心或过问这个少年的冷暖饥饱。

对于徐攀喝农药的原因，他向自己的父亲解释说：“爸爸，我喝的农药是含有剧毒的。”父亲问他：“你明知道有毒为什么还要喝？”他说：“我喝就是想让你们救不活我。我已经玩够了。”徐攀对自己的母亲说：“妈，对不起，我管不住自己，我就是想玩，我管不住自己的腿，我也不想惹妈妈生气，不想对不起妈妈，可我就是控制不住自己，就是想要玩。我不管白天还是夜晚，脑子里总想着游戏，夜里想着游戏总是睡不着，就是想玩。”

一直到徐攀死前，说的最后几句话是：“有妖怪过来了。杀光！杀光！”在病床上，徐攀的手还在动，似乎还在打着游戏。

心灵透视

网络游戏好玩在哪？若仔细观察就会发现，网络之所以能吸引青少年，事实上正是那种长期反复进行重复操作的过程，青少年体验着这样的古怪模式：一方面聊天、玩游戏吸引着自己投入其中，另一方面又不惜为此花费大量的时间、精力和金钱。最终意义在于自己有了目的地操控时间，为了游戏积分能升级，不厌其烦的一直不停地玩，只有这样，他才会感觉到时间是属于自己的，而自己也是有所为的，让人有一定的成就感和充实感。而这样的充实过后呢，又开始感觉精神空虚，生活和学习为什么会空虚，这完全在于时间无从打发。于是，在漫无目的中青少年就会沉迷于网络，周而复始的恶性循环着。

青少年形成空虚心理的原因有如下几种：

(1) 错误的价值观的取向。

由于受部分不良社会风气的影响，一些青少年对人生的价值观产生了偏差。“人生苦短几十年，此时不玩何时玩”、“学有何用”等错误的观念让不少青少年放弃了对学业的追求，放弃了对理想的憧憬，在没有精神信仰的情况下，人自然就会感到特别空虚。

(2) 自我认识不良。

一些青少年或是父母离异或是生活条件差，再者或是寄人篱下，由于从小得不到家庭的温暖，让他们脆弱的心灵受到伤害，致此，看不到光明的前途，总是自认为低人一等，有着极度的自卑感，于是就会自暴自弃等。

(3) 对学习不感兴趣。

有一部分青少年存在着极度厌学的现象，但由于其对网络的迷恋让本来成绩就不出色的他更跟不上学习的进度，于是，在老师和家长的重压下就会倍感空虚，无助。

(4) 自我表现的需要。

现实生活中，每个人都存在着一定的表现欲。在学习和生活中不占优势的青少年往往没有其表现自我的机会，而在网络里人人都是平等的，所以，青少年才会对其如此迷恋。

(5) 缺乏信仰。

青少年之所以精神空虚，行为轻率，大都是没有信仰的表现。信仰理想，是人性格刚强、勇敢、不屈不挠、充实生活和真正拥有幸福的最深的根源。一旦缺乏，必会有人生无味之思想。

解开心结

摆脱空虚思想煎熬

(1) 多参加户外活动。

青少年应多参加集体活动，在活动中除了可以对人的大脑、小脑做综合锻炼外，还能提高青少年的自理能力和生存能力，其刺激、愉悦的过程丝毫不亚于游戏。活动中所强调的合作性也能让自闭的青少年能和其他一起作战的朋友很快打成一片。除此外，运动还能增强青少年的体质，改善自我评价和提高毅力。具体的运动项目可以有：慢跑、健美操、球类运动等，每次维持在半小时以上却可。

(2) 摆正自己的位置。

青少年的不自信心理大都是由学习方面引起的，在学习方面青少年可以向其他优秀的同学请教下学习的方法技巧；在生活中也可以适当地做些家务，帮母亲去买菜或是试着做些有难度的事，找准自己的位置。每个人都有自己独有的优点，若是学习方面的成绩不突出，那在其他方面肯定有他人所没有的优势所在，主要还在于自己的心态，要学会发现自己的优点。

（3）在网络中找些健康的乐趣。

利用网络来查询生活和学习中遇到的难题，还可以学习用一些软件，制作幻灯片、动画片贺卡等，体会网络带来的健康乐趣，也有助于自己电脑操作的水平提高。

（4）多替他人着想。

青少年们大都是一心想着自己的幸福，自己的生活，就像是干涸的土地那样贪婪地吮吸着水滴，不会为了使周围人欢乐而放射出一丝光芒来，一心只计较自己的利益，这样的心是自私而空虚的。青少年应该有一种崇高的激情和志向，凡事多想如何为他人创造幸福和快乐，就会理解民族和祖国的尊严为何物，也会体验到个人与神圣的东西相辅相成的美好感觉。在帮助他的过程中体会自身的价值所在，才是最快乐的。

（5）给自己制定计划。

青少年一定要制定一个可行的学习计划，否则，就不是你控制网络，而是网络控制你，你就会变为网络的奴隶。每天漫无目的地玩下去，生活就很容易由于没有目标而放纵，导致心理也会越来越自闭，在疲惫、麻木、厌倦的心情中学习和生活，只会一事无成。一个毫无目标的青少年说：“每天放学后都只是上网玩游戏，过着醉生梦死的懒汉生活，连自己都觉得难受，也不想与人讲话，感觉他们都不理解我的想法。虽然知道有一天还是要面对现实的，但心里却有过一天算一天的想法，心里没谱儿。”

所以，订一个清晰的学习计划是非常有必要的。有了计划，青少年自己就知道每天要做什么，并且，这个计划一定要有可操作性，目标要切合实际才行。不要放纵自己，每天按计划生活，时间久了，当计划变成习惯后，生活也会充实而快乐起来，自然就会远离网络所带来的自我封闭了。

那么，如何从网络中回到现实呢？

（1）为自己创办一个健康的家庭环境。

如果有一个民主、和睦、丰富多彩的家庭环境，青少年通常是不会沉迷于网络当中的。因为，和谐的生活环境给了他们足够的自由、平等和快乐。因此，青少年要学会与父母沟通，对于父母的专制行为要让他们知道对自己的危害，同时对待父母也要像朋友般的理解和宽容。

广大青少年如果发现自己有上网成瘾的倾向，可以让父母或同学对自己进行督促，并且要积极地配合他们的“监督”工作，以便自己早日摆脱网络的困惑。要让自己生活在一个良好的空间当中，要加强自己对外沟通和交流能力。将自己的想法说给父母或同学、老师听，听听看他们的想法，让他们为自己提供宝贵的建议，不要一味的逃避或逼迫自己。

（2）学会自我调节。

具有消极心理的青少年可以拿出两张白纸，一张写出自己能够成功的理由，另一张写出失败的教训，然后把两者做个对比，把失败的理由逐个予以否定，比如“粗心大意”，可以修正为“我上次考试成绩那么好，这说明只要我认真对待，今后还是可以取得好成绩的。”青少年要不断地去挖掘自己成功的理由，并加以肯定。这样在自我调节中就会慢慢地从消极心理中走出来，还会拥有更多的自信和勇气。

（3）允许自己上网。

网络本身就不是洪水猛兽，所以没有必要刻意去逃避它。更何况，在信息时代中，网络无处不在这是无法逃脱的。所以，青少年不要一味的回避上网，毕竟现在是一个网络的时代，你可以正确地、科学地上网，浏览一些对自己有益的网页、找一些相关的学习资料……。可以跟自己做个约法三章，允许自己上网，但必须遵守一些规定或者限制上网时间，久而久之，自己就会对网络形成一个正确的认识。

（4）转移自己的注意力。

一个人如果遇到挫折感到苦闷、烦恼、情绪处于低潮时，就暂时抛开眼前的麻烦不要再去想引起苦闷、烦恼的事，把注意力转移到较感兴趣的活动和话题中去。试着用美好回忆来冲淡或忘却烦恼，从而把消极情绪转化为积极情绪。当自己总是控制不了的想上网时，可以有意识地转移注意焦点，想一些其他比较感兴趣的事，也可以跟同学或朋友出去逛街、看电影、聊天、看书等。

13. 从网上寻找感情寄托

你的困惑：网聊给了我快乐，也给了我懵懂的爱情。虽然看不到她的样子，但是，我从她的字里行间与电话中的声音可以感觉到，我们都是需要“爱”的人。但是因为她，我的心全被占据了，没有了学习的空间，成绩也直线下滑。

心灵故事

林涛是一名中学生，学习成绩很优异，在一次数学竞赛中，他取得了第一名。父母很是高兴，出于对他的奖励，便在家中配了电脑，并且包月上网。父母对他寄予很大的期望，但是，近段时间却发现他总是神情恍惚，目光呆滞，学习成绩落到班级第三十几名。当月电话费陡增到千元之巨，同时，一个外地的长途号码引起了家长的注意。通过与林涛的谈心，父母才得知，他通过网络结识了一位*14*岁的外地女生，二人互通了情况。经过*3*个月的网上聊天，已经到了焦不离卿的地步。由于沉迷于网恋，他现在天天都盼着下课回家跟他的女朋友在网上见面，根本没心思学习。

心灵透视

如今的中学生都是在一个和平、稳定而又快速发展的环境下成长的。从大环境来看，他们是与社会主义市场经济同时成长的一代人，又是与网络在我国发展同步成长的人。市场经济的多元化、信息化、开放性、多样性，必定带来价值取向的多样性和人格的多重性，对于成长期的中学生来说本身就是一种冲击和诱惑，而基于虚拟，开放特征而建构的网络社会则在可能性上加剧了这一影响。从小的环境来看，当代中学生基本上是独生子女，物质相对丰富。而且，如今的社会生活节奏有了明显的加快，有很多父母为了工作而忙碌不停，根本就没有时间用来与子女进行交流、谈心，还有部分家长即便对青少年表现出了关心，但也只关心他们的学习状况，忽视了他们的心理感受，导致青少年内心孤独、精神世界空虚，进而在网上寻求慰藉。中学生发生网恋的例子已不在少数，而且就目前的形势看，大有发展蔓延之势。

曾有一位中年男士这样说：“有一段时间，我闲极无聊，就上网聊天玩，那些小女生真好骗啊，我说什么她们都信，还真以为我是个年轻帅哥，想约我见面呢。说实话，后来我自己都觉得自己很无耻，再也不忍心骗下去了，可是并不是所有人都还有我这份良心吧？

那些青少年真让人担心啊……”

正处于青春期的青少年，在这个e时代的潮流中，接触网络都带有一种好奇心，会有一种新鲜感。也许，他们能够通过网恋这种渠道来发泄自己的情绪，得到一时的“快感”，但这仅仅是短暂的梦幻而已。网络本身是虚幻的，真真假假，正好给那些图谋不轨的人钻这个空子，他们利用人们对网络的美好憧憬而进行犯罪。所以，青少年不得不慎重的思考一下，不能整天沉迷于这种虚拟的网络情感世界里。更何况，我们现在还是一位未成年的学生，我们的首要任务就是学习，网恋只会浪费我们大量宝贵的时间和精力，会影响自己的情绪，甚至给我们年轻的心造成不可磨灭的阴影，影响我们的学习，这势必会为自己的前途发展埋下隐患。

随着时代的变化，我们不难发现，恋爱的方式也在发生着相应的变化：从封建时代的“父母之命，媒妁之言”到革命年代的“红色恋人”；从“爱人同志”再到改革开放初期的“广告征婚”、“婚介热线”，一直到目前网络时代的“网络恋爱”。在如今的网络时代，网络作为最新的交流手段，具有信息传递的瞬时性、广泛性、超时空性和虚拟性、符号互动性等优点，它极大地满足了现代人的需求。网络也充当了一部分人“恋爱”交流的理想方式、手段，使得“恋爱”的年龄提前，出现了一部分青少年的“网恋”现象。

青少年恋爱产生的原因

首先，处于青春期的青少年对异性充满了渴望和激情，这是生理、心理发展的必然，但是这种情感长期为现实环境所禁锢和封杀，他们急需找到一个倾诉的对象或者精神寄托。而网络正好为青少年提供了一个无约束的自由环境和美好空间，他们完全不必担心对方会泄露自己的小秘密，也不必直面现实中那种冷酷表情。他们可以在网上一吐心中的不快，他们认为这是一种释放，一种解脱的有效方式。所以，网恋就成了青少年在网上寻找精神寄托的重要方式。

其次，在现实生活中的异性常常是不完美的，而且是难以接近和直抒胸臆的，而在网络中就完全不同，他们谁也看不到对方，不用直接接触，双方都是处于“双盲”状态，这样就可以无所拘束、放心的交流彼此的情感。在他们头脑中，存在了一种绝对理想化的意念——没有什么事情比爱情更甜蜜更梦寐以求。时空的距离使彼此增加许多想象的成分，增添了美感，在他们的心中对方是完美的，通过网络大胆的直抒胸臆，表达着他们的感情。在与网友聊天的过程中，他们可以品尝到——引起异性的理解、体贴和温情，弥补一下对异性的好奇心和渴求心。但是，毕竟这种好奇心与渴求心是不可告人的。

另一方面，主要是青少年由于年龄和阅历的关系，他们与异性交往的经验较少，而感情又比较热烈和纯真，他们总是毫无防护意识的轻信他人。他们是社会群体中最富有理想和激情、敢于探索和追求的群体，他们总是试图打破传统的规范，不断地寻求和尝试新的生活方式，因此，虚拟的网络社会便成为青少年在现实社会以外的新生活空间。

曾有人暗访某网吧时发现，来网吧上网的青少年占到了网吧顾客的一半之多。其中部分青少年沉迷于网络游戏，也有相当一部分上网是为了聊天结识异性朋友。有位网管直言道：“现在的学生成熟早，网恋现象是常事儿，有的学生把外地网友约到本地来玩，并不稀罕，而处于本地的网友见面更是经常的事。”通过进一步了解，发现很多青少年把时间浪费在上网聊天上，他们对老师和父母撒谎，只是为了来上网聊天，使很多青少年为此而荒废了学业。由此看来，青少年“网恋”现象不容忽视。如何有效地引导学生正确认识、处理网上的感情关系，是一个值得成人关注的问题。

解开心结

尽管网恋现象已经引起了社会各界的广泛关注与重视，但是如何根据青少年的心理特征做好教育和引导工作，确实需要认真研究对待。我们广大的青少年朋友们更应该自觉远离网恋这些害人的东西，学校也应该丰富青少年的课余生活，不断向学生设立适当的、有一定挑战性的目标，以增进学生的充实感和成就感，进而达到以健康情感替代虚幻恋情的目的。只有这样才能更有利的促进青少年的健康成长和自身发展。

其实“网恋”这一名词，对于青少年来说并不陌生。网恋在青少年当中已成为最普遍的现象，也是目前网上一个热门话题。随着科学技术的迅猛发展和时代的变化，互联网也逐渐步入千家万户。网络作为一种全新的通讯工具，为我们的人际交往提供了方便而迅捷的交流方式。但是随着网络技术的发展，一种新的恋爱方式也就产生了——网恋。

对于这种现象现有以下两种观点，观点一：有相当一部分青少年认为，网络上的大多数东西都是缥缈虚无的，网络上的爱情也是一样，他们认为网络爱情，只是无聊的人在无聊的时候玩的一种无聊的游戏，那只是他们的一种感情寄托，所以，网上的爱情不可当真。与其相对的另一观点是：网恋是现实中恋爱的延伸，是一种新型的恋爱方式，是这一时代的潮流。持这种观点的青少年认为，网恋和我们一般的恋爱一样，既然找到了一个你爱的人和爱你的人，那你为什么还要在意是在网上认识的还是在网下认识的呢？

通过上述文字，可以看出对于网恋现象的不同观点，对于这两种不同的观点可以说是各有其理。很多人认为，这个话题似乎是属于成年人的，但是，这种现象已经出现在青少年身上，这就不能不引起成年人的关注。当今很多青少年正在通过网络演化出一种新的社会关系，这种新型的社会关系颠覆了传统的人际交往模式，网恋的出现以及盛行便是一个很好的例子。

对于青少年来说，由于刚刚接触社会，辨别是非的能力还不高，所以一定要树立正确的对待事物的方法，不能单纯地看待事物。

第二章

学生的不良心态调适

1. 正确地认识自我

不要终日为自己的满身优点而乐不思蜀，这会让你迷失方向，眼里看不到其他东西，也许错过的就是最美的，最宝贵的；也不要为了自己的一大堆缺点而郁郁寡欢，这样的人生永远也不会快乐。青少年应该学会认真地审视自己、认识自己，从而更好地透析自己，把握真实的自己，换个角度看自己，使自己心情舒畅，重拾信心，阔步前进！

唐太宗说：“以铜为镜，可以正衣冠；以古为镜，可以知兴替；以人为镜，可以明得失。”如果想要知道自己的外貌，可以照镜子，从镜子中看到真实的自我形象。了解历史可以懂得过去，但如果想要认识自己的能力和性格，仅仅是以他人为镜是不够的。

常常会有一些青少年这样说：“有时候，我觉得自己很能干，很聪明。但有时候我又会觉得自己很笨，连一件小事都做不好。我究竟是聪明的还是笨的呢？”发出这种感慨的人，其实是没有正确的认识自我而已。

青少年对自我认识是否全面、正确，对他的生活和发展有着十分重要的意义。如果一个人看不到自己的价值，就会对自我失去信心，产生自卑感，一方面失去了生活的力量，另一方面一旦遇到失败和挫折就会一蹶不振。如果一个人只看到自己的长处，看不到自己的缺点和弱点，就会盲目自信，夸大自我，目空一切。因此只有全面、正确地认识自己，才能保证一个人的个性健全良好地发展。

客观地认识自己

古人云：“人贵有自知之明。”这说明正确认识自己是相当困难的。青少年在正确认识自己的困难的时候，于对自己的心理的了解，因为它常常不能像测量自己的血压、身高那样有一个客观的尺度。即使借助于心理测量，一般人也难以掌握。

三千多年前，传说在希于人对腊帕尔纳索斯山南坡上，有一个驰名整个古希腊世界的戴尔波伊神托所，这座神所是一组石造建筑物。在这个神托所的入口处，在一块石头上刻有两个词，用今天的话来讲就是：认识你自己！

古希腊的哲学家苏格拉底最爱引用这句格言教育他的学生，因此，后人往往错误地认为这是苏格拉底说的话。这句话当时被人们认为是阿波罗神的神谕，其实是家喻户晓的一句民间格言，是希腊人民的智慧结晶，后来才被附会到大人物或神灵身上去的。

有句古语是这样说的："画龙画虎难画骨，知人知面不知心"。人心难测，知人难，为人知更难。而要知己，则是难上加难。所以有"人贵在自知之明"之说。

诚然，一个人要想真正的了解自己，认识自己，又谈何容易？一辈子不认识自己而做出了可悲之事的大有人在。在今天，还有很多人正是由于不认识自己，不充分理解今天这个社会中的情况，而受不得一点点挫折、打击，悲观、失望、苦恼、抱怨、彷徨，终日在唉声叹气、无所事事中把时光轻易地放走。

所以，青少年朋友一定要及早的、客观的认识自我，不要在年年岁岁中虚以度日。古人云："知己知彼，百战不殆。"西方人说："自己的鞋子，自己知道紧在哪里"、"不会评价自己，就不会评价别人"。希腊人说："最困难的事情就是评价自己。"可见，认识自己是一个永恒的话题，在古今中外都十分受到重视。

但是，认识自己并不是一件容量的事，需要对自己有一个最起码的认识，是做人的一个最起码的要求。而对于有些人来说，自己是什么样的人，只有自己不知道。由于难得有一个真实的参照系来评估自己，所以，我们往往能够很自信的干傻事。

认识你自己吧！虽然这是困难的，然而，一个人要想有一番作为的话，正确的认识自己是一个最基本的要求。或者，你可能解不出那样多的数学难题，或记不住那样多的外文单词，但你在处理班级事务方面却有特殊的本领，能知人善任、排难解纷，有高超的组织能力；你的数理化也许差一些，但写小说、诗歌却是个能手；也许你分辨音律的能力不行，但有一双极其灵巧的手；也许你连一张桌子也画不像，但是有一副动人的歌喉……

在认识到自己长处的前提下，扬长避短，认准目标，抓紧时间把学习或者工作做好，久而久之，自然会水到渠成。

认清自己的优势

在人生中，人们最关注的就是自己。当拿到一张集体照时，你的第一个目光肯定会落在自己身上。每天早上，面对着镜子里面的人，你不妨问问：他（她）是谁？请不要笑此话太傻。俗话说：一个人最大的敌人莫过于自己。要战胜自我、了解自我这个最大的敌人，就是认清自我，客观的评价自己，找准自己的位置，但是，又有多少人了解自我有几分。

认识自我，就是要客观地评价自己，既不高估自己，也不贬低自己。认识自我，就是要认识自己的优势、劣势、自己的与众不同和发展潜力。认识自我，就是要认识自己的生理特点、认识自己的理想、价值观、兴趣爱好、能力、性格等心理特点。

英国的一个著名诗人济慈，他本来是学医的，可是后来无意中，他发现了自己有写诗方面的才能，所以，就当机立断改行写诗，而且在写诗的过程中，他很投入的用自己的整个生命去写诗。很不幸，他只活了二十几岁，但是，他却为人类留下了不朽的美丽诗篇。

马克思在年轻的时候，也曾想做一名伟大的诗人，也努力的写过一些诗。但是，他很快发现在这个领域里，他不是强者，他发现自己的长处不在这里，便毅然决然地放弃了做诗人的想法，转到寒舍科学研究上面去了。

试想一下，如果上面的两位大师都没有正确的认识自己，看清自己的话，那么英国至多不过增加一位不高明的外科医生济慈，德国至多不过增加一位蹩脚的诗人马克思，而在英国文学史和国际共产主义运动史上则肯定要失去两颗光彩夺目的明星。所以，认识你自己吧！无论做什么都要切切实实、脚踏实地去做，大而无当、好高骛远的想法一定要排除。

2. 换个角度看自己

不要终日为自己的满身优点而乐不思蜀，这会让你迷失方向，眼里看不到其他东西，也许错过的就是最美的，最宝贵的；也不要为了自己的一大堆缺点而郁郁寡欢，这样的人生永远也不会有快乐。青少年朋友应从少年时期就应该学会认真地审视自己、认识自己，从而提高自我认知。然而，想要更好地透析自己，把握人生，那就要学会从另外一个角度去看看自己，好好审视自己，从外表到言行举止，再到为人处事，你会发现，原来人无完人，你也有很多的缺点，你会发现原来你身上也不尽是缺点，你还有很多的闪光点，只是被心中的阴霾遮盖住了。换个角度看自己，让你警惕人生的陷阱；换个角度看自己，让你心情舒畅，让你重拾信心，阔步前进！

换个角度看“优缺”

卡丝·戴莉有着一副百灵鸟般的嗓音，她对音乐深深迷恋着，然而她的一口暴牙却让她困苦不已，因为只要她那美妙的歌声一出口，就注定要将口中十分难看的暴牙露出来。可是她对唱歌的激情仍然是有增无减，她从来都没有放弃过唱歌，她为了自己的梦想而努力着。所以她不断地参加各种歌唱比赛，希望从中得到认可。但是由于她总是顾及自己难看的暴牙，尽力避免将口张得太开，一方面要放声歌唱，一方面又极力掩饰，想方设法地把上嘴唇向下撇，好盖住暴出的牙，结果她的表情看起来十分可笑，所以她的歌唱表演往往以失败告终。屡次的失败让她渐渐对自己的歌声也产生了怀疑，她感到十分绝望。

在她为梦想拼尽最后一丝气力的时候，有一个评委的话改变了她的歌唱命运。这是惟一的一个发现她歌唱天赋的评委，评委告诉她："我想每个看了你的表演的人都能看出你在掩饰什么，既然怎么遮也遮不住，何不放开点呢？你的确是一个唱歌的天才，便是如果你不能忘掉你的暴牙，它将会永远影响着你，排斥着成功。其实暴牙并不可怕，尽管张开你的嘴好了，只要你自己不引以为耻，投入的表演，观众就会喜欢你。"听了评委的话，她重拾了信心，渐渐地走出自己暴牙的生理缺陷，在一次全国大赛中，她极富个性化的演唱倾倒了观众，征服了评委，最终脱颖而出，并成为了美国著名歌唱家。不仅如此，她曾经痛恨至极的暴牙同她名字一样响亮，代表了她的个性和形象，成为她形象的一大特色，人们就像喜欢她的歌一样喜欢上了她的暴牙。

当代青少年难免也会有各种各样的烦恼，身体上的，心理上的，这样的，那样的残次让你对生活失去信心。在面对自己的不足时，你们应该像审视卡丝·戴莉一样，换个角度去看问题。那满口暴牙只不过是小小的不足挂齿的缺陷，但是一旦被放大，就会酿成悲剧或灾难，当你换个角度来看，这缺陷并不致命，或许完全可以忽略不计。人生的价值在于奉献和创造，在于完美人格的构建、灵魂的塑造和精神的升华。不要总是抱怨自己时运不济，觉得自己不能脱颖而出。先把眼光低下来，看看自己的平庸之处，甚至有缺陷的部分，只要善于发现，你完全可以从这些自认为丑陋的缺陷中找到自己有价值的东西。生命之花不只是开在温室中，丛林、原野、沼泽照样可以开出美丽的花，也许，你的缺陷，你的缺点也会为你生命的种子浇灌，开出鲜艳夺目的花朵。

换个角度看“命运”

曾经在一篇文章中看到这样的一段话：“人要学会从不同的角度去看自己，当你站在别人的角度看自己时，你会看到一个令人讨厌的、满是缺点和不足的你；当你站在明天的角度看自己时，你会看到一个懒惰的你，你总是把希望寄托在明天，任由生命的花朵枯萎；当你站在空中看自己时，你会看到一个渺小得你，庸庸碌碌像一个蜘蛛，困守在世俗的网里究竟是为谁忙碌；当你站在神的角度看自己时，你会看到一个自私的你！你一生给过多少人真心的关爱？为何要等到面对死亡才去后悔？”看过之后，的确令人发思深省。生命中，人难免会有或这或那的不足，没有谁是完美的；生活中，也总免不了磕磕碰碰，如果遇到不快而生气，遇到天灾人祸而痛不欲生，那人生就毫无幸福可言了。与其钻牛角尖还不如换个角度看自己，也是一种解脱，一种高层次的淡泊宁静，从而获得自由自在的乐趣。正所谓山因风雨而朗润，水因霜雪而澄澈，人生因遗憾而多姿多彩。不是有这样几句话么？“因祸得福”、“有得必有失，有失也必有得”，因此，换个角度看自己，换个角度看问题，人生中的悲欢离合也都是精妙的歌曲！

上帝在关上一扇窗子的同时，会再为你打开另一扇窗子。换个

角度思考，从中学时期开始感悟整个人生，从不同的角度去思考你的命运，那么你会变得更加开朗与乐观，比如吃了亏，有的人会很沮丧，有些人会说吃亏是福；看到自己有一个傻儿子，有人会觉得上天不公，有人就想傻人有傻福；丢了东西，有的人会说倒霉，有的人会说破财免灾，财去人安乐；生了女孩，有的父母会说自己怎么这么不争气，有的父母会说养女儿是福气，养儿子是名气……所以说，同样一件事情，只要肯换个角度看自己，就会认识到生活的苦与乐，取决于人的一种心境，取决于人对生活的态度，对事物的感受。学会换个角度看命运，生命会变得更有光彩，人生也会更有滋味！

3. 不要轻易否定自己

温斯顿·邱吉尔说：“一个人绝对不可在遇到危险的威胁时，背过身去试图逃避。若是这样做，只会使危险加倍。但是如果立刻面对它毫不退缩，危险便会减半。决不要逃避任何事物，决不！”人的一生不可能事事都如人所愿，尤其是作为青少年，在困难面前，千万不要轻易将自己否定。

不要一味地只看到自己的缺点，却忽略了自身的优点，如果一味地否定自己，怀疑自己，放弃自己，只能是跟在别人的后面。只有充满自信地活出自我，保持自我本色的人，才能在生命的管弦乐中演奏好优美地乐曲，才能实现生命的价值。反之，否定自己的同时，就等于将成功一并抛弃了，然而机会不是随时为你准备的，你要做的是随时准备好挑战机会，一旦错过这次机会，下次就不知道要等到何年何月何日何时，因为对青少年来说，青春只有一次。

行不行，试过才知道

人世间万千生物，没有什么是十全十美的。人也好，物也好，都有各自的缺点，没有任何人和任何事物可以达到完美的境界。即使是这样，人们在看待问题时也要从整体出发，既要看到缺点，也要看到优点。眼中只看到优点而看不到缺点只会是自骄自傲自负，其后果必然是得意下的不思进取所造成的失败。但是过分谦虚也不好，连自己的优点都看不见，整日抱着自己的缺点唉声叹气，那你将永远生活在自卑中。自卑的人永远无法抓住成功的机会，因为自卑心理会时时刻刻告诉你："我不行"、"我肯定做不了"。这样的你又怎么能与成功画上等号呢？要知道，行，还是不行，不试怎么知道？

尝试是行动的开始，也是走向成功的第一步，勇敢地迈出这一步，成功将会变为可能。成功来自于对事物的好奇心与征服的欲望，当你对一个事物产生好奇心时，你就会总想着去研究它、钻研它、探索它。但是仅有好奇心是远远不够的，还要有足够的自信心和勇气去尝试。在征服一个事物的时候，它不会告诉你它会给你多少考验，为你制造多少困难险阻，这中间会有多少不可料及的事情发生，这个时候最能帮你的就是勇气与自信心。勇气帮你迈出脚步、突破自我，自信心帮你克服困难，战胜挫折。

世界伟大的发明家，人类的功臣爱迪生，可以说，他的一生就是在尝试中度过的。当他对生活中的一些现象产生好奇，并产生一系列想法的时候，他首先选择的是——试着去做。他尝试着去发明电灯，尝试着发明留声机，尝试着发明蓄电池，等等，结果均获成功。他的发明成果有2000多项，是当之无愧的"发明大王"。如果他因小时候人们对他的嘲笑而对自己失去信心和挑战自我的勇气，从而变得自卑，那他永远也不可能去尝试，也不可能不畏困难和挫折创造那么多的伟大发明。谈成功，更不可能。尝试最大的敌人是半途而废。科学界的人们信奉这样一句话：在一万次试验之后的那一次可能就是成功。这一万次，就是一万次的失败。成功就躲藏在无数次失败之后。失败的人，往往是做事半途而废、浅尝辄止的人。除了爱迪生以外，还有很多伟人、名人都在给世界的后人们上课，他们用行动，用成就向你们诉说人生的真谛，成功的秘诀。如莱特兄弟、达尔文、阿基米德、蔡伦、牛顿等等，他们的成功就说明了一个真理：只有想不到的，没有做不到的，只要你愿意尝试。

不要怀疑自己，学会肯定自己

很多人总是会对自己提出一大堆的疑问，“我行吗?”“我可以成功吗?”“别人都那么优秀，我怎么能竞争得过他们呢……”他们对自己的能力表示怀疑，尽管他们并没有想象中的那么糟糕。但是却与那些没有多少能力却很自信的人相差甚远。为什么这么说呢?归根结底是因为他们的怯弱，不自信，给了他人更多的机遇，提供了更广阔的发展空间。

也许你曾经的付出没有得到相应的回报；也许你曾经的自信被人当作“狂人”；也许你曾经的举动使你遭到他人的嘲讽，不要怕，要始终相信自己的路不是别人一两句就能决定的，不要轻易否定自己的能力，一时的得失并不能否定你的整个人生。若是“一朝被蛇咬，十年怕井绳”，那就会因怀疑而贬低自己的能力或价值。一个人自信心的丧失，无异于失去了前进的动力。每一个成功者都必须有承担挫折的心理素质与能力，做到胜不骄，败不馁，不因成败抬高或贬低自己，始终相信自己，坚信通过自己的努力最终能成功。正如某位诗人所说：“自信是石，敲击希望之火；自信是火，点亮熄灭的灯；自信是灯，照亮前行的路；自信是路，引你走向光明。”学会鼓励自己，学会为自己呐喊，学会为自己加油，因为一个人的信心无论在任何时候、任何环境里都可以发挥很大的威力。要把自信当成是一种习惯来培养，不论是在学习中，还是在生活中，它都可以助你一臂之力。自信地过每一天，当某天机会到来时，你会发现，原来你的潜力远远超出了想象中的那样。人生虽短，但多姿多彩。谁都不是十全十美的完人，只要尽力了，无憾的人生一样是精彩的人生。对自己多一份自信，还世界一个精彩！对人生多一些肯定，你的生命就会因此而变得不一样，人生因此而快乐，而自信起来，这份自信也可能为你打开成功的大门。

4. 做最棒的自己

每个人都渴望成功，可走向成功的道路又是那么崎岖而漫长，充满着看得见看不见的困难和竞争对手，其中最强大的对手其实就是你自己。你的一切消极心态就是你最大的敌人，可是你又该用什么去战胜它们，到达成功的巅峰呢？如果说失败是成功之母，那么自信就是成功的基石。

英国哲学家培根说过：“深窥自己的心，而后发觉一切的奇迹在你自己。自信是一种来自于心灵的力量，自信是一种说服力，在开始时，看起来仿佛不会成功的事，假如你坚持地做下去，它就会成为对自己的一个证明。相反的，假如你因为别人的怀疑或批评而犹豫不决，退缩不前，那不用别人阻挡，你自己就打败了自己。”

培养自信，战胜自我

在现实中，强者最大的竞争对手是自己，而自己成功最大的障碍是缺乏自信。只要你自信，只要你尊重自己、坚信自己，你就是伟大的，最终的成功必定属于你。自信是一切成功者的钙质，没有自信的人，将一事无成。对于青少年而言，培养自信是尤为重要的。

相信自己，无所不能；相信自己，无所畏惧。自信心是人生成败、幸福与不幸的关键。同时，人也是理解自己和与他人相处的关键。信心是行动的发条，基于信心而来的那种无比的驱策力量，就是缔造人世间一切伟业殊功的源头。人有信心，就有希望。信心能使软弱的人变得刚强，毅然承担一切苦难与折磨，接受任何考验和试探。

一天，上帝分别送给三个年轻人一些同样干瘪的种子：第一个年轻人大呼：“上天为何如此不公？这么干瘪的种子怎么能够发芽?”随手扔掉种子后，他在抱怨声中结束了一生。第二个年轻人抱着试一试的心理，播种、浇灌、施肥，但很快就放弃了。后来，他终生为寻找一些饱满的种子而努力。第三个年轻人相信：只要精心呵护、尽心尽力，再干瘪的种子也能长成参天大树，自己的汗水会换来成片的荫凉。结果，第三个年轻人很快就拥有了一大片森林。在这个故事中，第三个年轻人选择了前者，可见，自信是人获胜的法宝，更是事业的保障。

青少年朋友，你自信吗？当你成绩名列前茅时，你能否告诉自己：“一分耕耘，一分收获。”而不是“这次运气真好！”而造成心理上的压力；当你成绩有了进步，你能否对自己说：“学习有什么困难，只要努力，我一定能学好！”而不是“这次纯属侥幸，我不是学习的料”而停滞不前；当你考试退步了，你应该向天发誓：“从现在开始，我一定努力，一定学好！”而不是“我永远也学不好，学习对我来说就是活受罪！”而放弃了学业。如果你真的想拥有自信，就从现在起告诉自己：哪怕是一粒干瘪的种子，我也要长成参天的大树！

我相信我能行！

所以，青少年朋友们，在生活中，面对不幸，要对自己充满信心，对生活充满信心；在学习上，面对困难，要给自己信心，要永远地相信自己可以。让你的生活到处都充满着自信与活力，你的生活将会是五光十色的。

肯定自我，建立自信

现在越来越多的青少年心理都产生自卑感，内心缺乏一种内在的自我价值感，这就需要调整对自我的认识角度，来重新认识自我，肯定自我，通过不断地发展自我建立一种独特的人生优势——自信。

自信是一缕和煦的春风，是一丝动人的微笑，是一片明朗的天空。自信让我们变得干练、成熟，自信使我们的脚步变得坚实稳健。一个不屈不挠的人，自信在心中必坚韧地站立着，站成精神上的钢浇铁铸的脊梁，站成一幅永不凋谢的风景。

自信产生于努力之中。有人认为做事情只有有了自信之后才能去行动，这就好比人学会了游泳之后再下水学游泳一样，是非常荒谬的。当我们徘徊于做与不做之间时，就应该在没有自信的情况下，大胆去做。

伊索寓言有一个故事：父子二人赶驴到集市去，途中听人说："看那两个傻瓜，他们本可以舒舒服服地骑驴，却自己走路。"于是老头让儿子骑驴，自己走路。又遇到一些人说："这儿子不孝，让老子走路他骑驴。"当老头骑上驴让儿子牵着走时，又遇到人说："这老头身体也不错呀，让儿子在下面累着。"老头子只好让两人一起骑驴，没想到又碰到人，有人说："看看两个懒骨头，把可怜的驴快压爬下了。"老头子与儿子只好选择抬着驴走的方法了，没想到过桥时，驴一挣扎，坠落河中淹死了。

例子中可以看出，人都希望得到他人的认可与尊重，期望获得荣誉，因为这些可以令人精神上受到鼓舞。但是，人在奋斗过程中，真正有作为的事不是跟在别人后面亦步亦趋，而是需要创新。理解是具有滞后性的，如果不培养自我赞许的意识，就无法自我肯定，就坚定不了决心和信心，失败就随时“恭候”着你。

自信仿佛是人生坐标系上的原点，处境极其微妙，前进抑或后退，就在一念之间。具备自信就是具备了开拓进取的基础和条件，因为有了自信，就有了创造精神和创新意识。十分成功中有五分属于自信。成功是船，自信是帆；成功是高山，自信是登山的小阶；成功是远方的路标，自信是脚下的跋涉。

正像莎士比亚所说的：“自信是走向成功的第一步，缺乏自信即是失败的原因。”无论在学习中还是在生活中，人人都会遇到各种大大小小的挫折，或学习方法不当，使人困惑；或学习枯燥，使人懈怠；或成绩不理想，会使人沮丧……而自信就好比一把智慧的钥匙，帮你顺利地开启每一扇成功之门；自信就如黑暗中的灯塔，把你从困境中解救出来；自信就像人能力的催化剂，人前进的动力，能将人的各种潜能充分调动起来，发挥到最佳程度。

5. 走自己的路让别人去说

生命是父母给予的，环境是先天注定的，而人生却是自己的，精彩与否，成功与否都要靠自己去创造，自己的人生要由自己负责。莎士比亚曾说过：“走自己的路，让别人说去吧。”说的就是人要为自己而生活，不要活在别人的标准里，为别人的看法而去改变自己，这是很愚蠢的事。人活着不是为了别人，要敢于坚持自己所坚持的，相信自己所相信的，做自己想做的。

所谓为自己而生活就是：要为了自己的快乐、兴趣和人生目标而努力，不活在别人的价值观里，要善于发现自己的兴趣和特点，并在属于自己的道路上不断超越自己，追求成功，为自己能展翅高翔赢得一片属于自己的天空。

坚持己见，活出精彩

很久很久以前，一对爷孙俩用驴驮着货物到镇上的集市去卖。很快货物就卖光了，爷孙俩高高兴兴地往回赶，孙子骑着驴，爷爷在旁边跟着走。刚出集市没多久就遇到两个老妇女，她们说：“看这孩子真不像话，自己年纪轻轻的骑着驴，却让一个老人在地上跑。”老人听后连忙喊停，让孙子下来，然后自己骑上去，得意洋洋地继续上路了。又走没多远，一个孩子看见了，很生气的说：“怎么会有这样的爷爷，自己骑驴，却让年幼的孙子跟在他后边跑。”老人想：这也不是，那也不是，那要怎么办？突然，他灵机一动，弯腰把孙子也抱上了驴，两人一起骑着驴回家。可还没起步，迎面就走来一个中年人，他摇着头自言自语地说：“两个人骑一头小驴，也不怕把驴给压死了！可怜的畜生啊！”老人听了和孙子一起下来，爷爷、孙子、驴，各走各的。本想不会再招来议论，谁知他们在路过一片菜园时，几个种菜的看见了，说：“有驴不骑，如今这世上还有这么笨的人哪！”爷爷摸摸脑袋，看看孙子，不知道怎么做才好。最后，爷孙俩找来绳子和木棍，把驴的四脚绑起来，用尽九牛二虎之力抬着驴往家走去……

余秋雨说：“很多人总是很在意别人的手指，在意他们对你伸出的是大拇指，是食指，是中指还是小拇指，并以此来评判自己的行为，或左右自己的心情，其实没有必要，不要太在意别人的手势，权当他在做运动就好了，只要自己觉得无愧于心就好。”驴本是用来

供人使唤的，故事中的爷孙俩最后反而是用尽牛虎之力将驴抬了回去。驴虽然不用劳累赶路了，但也没能好受了，两个人倒是也累得不轻。这是一则寓言小笑话，在引人发笑的同时也让人沉思。人言虽可畏，但人言更需要鉴别。别人的意见有时只能作为参考，如果人人的话都要听，那么自己也将无所适从。其实，只要自己认为是对的、效果是好的、过程是开心的、结果是满意的，根本没必要太在意别人的看法。这也给当代青少年一个很好的警示，要知道最了解自己的人还是自己，旁人看到的只是一个片段或表象，没有一个人能完全的了解别人，他们仅仅是根据自己所见的不全面状况，说出自己的意见而已。如果太在意的话，只会影响你自己的决定，即使你按一个人的说法去做了，在另一个人看来你的所作所为却还是错的。由于每个人看问题的角度都有所不同，所以得出的结论也不尽相同，因此不管爷孙俩做出任何选择，在有些人的眼中都是错的，既然如此，还不如按自己的想法去做，勇敢地坚持自己的看法。

不论现实是怎样的，人要有最起码的一点“自负”，这样才能有负责人生的心力与霸气。只有相信自己，靠自己才能撑起头顶的一片天。如果连你自己都不相信自己，成功怎么会青睐你呢？你可能拥有满腔的热情与才能以及崇高的理想，可是你不能相信自己，不能放心地把自己交给自己，那你永远也无法成功，永远也无法征服世界！

人生路，自己选择，自己走！

人生的路上会有许多的岔口，但其中也许只有一条是通往成功的路。选择时，要么自己根据个人情况来选择，要么就听从别人的建议，走别人为你选择的路。但是，如果自己不为自己的人生搏一回，是不是有一些遗憾呢？再说，并不见得别人的意见就是正确的，有很多失败者就是因为他们在犹豫之后选择了别人为自己选择的路，他们太在乎别人的看法，而不相信自己的判断。然而，别人挑选的终究不是自己熟知的，即使一路荆棘，一路伤痕，你也无力怨恨，因为这也是你的选择，你选择了别人的选择，而狠心地否定了自己。如果不能走出别人的阴影，那么你永远也无法真正感触到不远处阳光的照射，也许那就是成功的呼唤。

生活中，你做的每一个决定、每一件事，可能都得不到别人的一致认同，也不可能得到所有人的赞同。但是不能因为这样而不去做，当然，别人的意见固然重要，可能很多还是忠言逆耳，但思想终归是自己的，对与错，可行与不可行，稍稍成熟的人都应该有判断的能力。因此对别人的看法不要过分的在乎，过分的在乎就是对自己没有信心的表现。古希腊人曾经在阿波罗神庙的石柱上刻下“认识自己”作为神灵的谕示，就是提醒世人认清自我，审视自我，避免在别人的眼光中迷失道路。青少年也应该以此作为人生的座右铭，不要总是瞻前顾后，一味的犹豫浪费时间，害怕说错话、办错事，如果这些问题得不到及时的改善，那么，长大以后也会养成畏手畏脚、底气不足的不良习惯，这样既失去了展现自己才华的机会，也会与成功失之交臂。因此，不如在此时就努力改正过来，培养个人自主能力与判断能力。

成功者一般都是善于坚持的人，他们对于脚下的路充满了信心。希腊有一句名言：经常问路的人，容易迷失方向。所以，凡是成功者从不随意听从别人。他们也不为大多数人的意见所左右，常常自己制定计划并付诸行动。失败的人大多只会在事后去后悔当初的摇摆不定，因此错失了大好机会。寻求成功就好像是在挖金矿，开采地点一旦选定就要用心去挖，也许别人会告诉你那是白费功夫，但你要做的只是坚持。你要相信自己不是毫无根据地找一片废地来采金的，也许再坚持一下，你就会看到地下闪耀着的金子的光芒，如果放弃，也许你离成功就只差那几毫米几厘米的距离。走自己选择的路，过快乐自在的人生，在永远的激情中去攀登高山，向顶峰行进。

6. 勇于突破自我的限制

卡耐基曾说：“经过无数次失败以后，姗姗来迟的东西叫成功。”漫漫人生路上也正是有了成功与失败，生活才有意义。作为旭日东升的青少年，要明白成功绝非偶然，是靠艰辛的付出和耐心的积累而来，当你在一次次的失败后，又一次次的选择后，就会发现成功的坦途已经铺到你的面前了。要记住，在生命中勇于突破自我，战胜自己，不要放弃自己的梦想和追求，努力向前。

突破自我，需要勇气

人生如戏，每个人都是主角，不必模仿谁，我是我，你是你，好好地活着，为自己活着。有梦想就大胆的追求！失败也不要放弃，随它花自飘零水自流。其实对青少年来说，真正的成功，不在于战胜别人，而在于战胜自己。

小红从小性格就内向，自尊心也特别强，所以学习成绩一直也很好。可是，最近她总以为别人时刻都在用鄙视的眼神看她、评价她，所以她担心自己会出什么差错，否则，会让人看不起。后来，她暗恋上了班内的某个男生，但又不敢表露出自己的爱慕，还怕别人知道这个秘密。有一次，好朋友给她开玩笑说：“我知道你爱上他了，你别藏在心里啦！”她一听心里急得发慌，担心别人会对她评头论足。从此以后，她见人就躲开，不愿理会别人。有人找她聊天、玩耍，她就面红耳赤、心慌意乱，而且说话也是语无伦次，最后导致一见人就担心害怕。

以上这个事例表明，小红是由于社交恐惧心理导致她不能正常与同学交往。最终陷入困境、不能自拔。这种社交恐惧是因心理紧张而造成的心因性疾病，只要有这种心理的青少年做到全面了解自己，树立自信心，改善自己的性格，学会与别人交流，掌握上些社交技巧，只要将这些落实到位，相信战胜不良的心理障碍指日可待。

中国有句俗语说得好：“不会战胜自己的人，是胆小的懦夫。”突破自我，需要勇气，需要其顽强生命的活力。青少年朋友们，无论是健全的身躯还是残缺的臂膀；无论是优越的条件还是困窘的环境，大胆地拿出你的勇气，你的胆识，去克服困难，克服恐惧，克服失败带给你的消极情绪。不管你正在前行中，还是失意时，此刻不要在彷徨，不要再犹豫，对现在的你来说从失败中找出通向成功的途径才是最重要的。

青少年朋友们，只要勇于突破自己的防线就等于打开了智慧的大门，开辟了成功的道路，铺垫了自己在人间的旅途，铸成了自己的一种面对任何烦恼和忧愁的良好心态。

战胜自己，走向成功

对于青少年来说，只有在前进的道路上，勇于突破自我，即使是失败也是一种锻炼。要做到胜不骄，败不馁，不要永远活在失败的阴影下，勇敢地去找寻失败的原因，提升自己，战胜自己，相信自己一定能把人生这局棋走的很精彩！只有勇于突破自我，才能少些不必要的烦恼与忧愁。郑板桥说：“千磨万击还坚韧，任尔东西南北风。”勇于突破自我，无需犹豫！战胜自己，何需等待！拿出你的勇气来，勇往直前，永远争取吧。

他出生在一个寂静荒野的村庄上，因为贫穷，常被赶出居住地，全家人不得不经常搬家。9 岁的时候，母亲因病不幸去世，生活变得更加艰难。22 岁时，他失业了，很是伤心，决定参加州参议员竞选，但落选了。想进法学院学法律，但因种种原因进不去。不得不向朋友借钱经商，可不到一年就倒闭破产了，欠下了巨额外债，此后的几年里，他不得不为偿还债务到处奔波。

25 岁，他再次参加州参议员竞选，竟然赢了，以为从此好运就会来了。第二年，正当他准备结婚时，未婚妻不幸去世，受到打击，为此心灰意冷，而卧病在床。

29 岁，竞选美国国会议员，结果没有成功，但他没有放弃，于第二年又参加竞选美国国会议员，可还是落选了。

因为竞选赔了一大笔钱，他申请担任本州的土地官员，但申请被退了回来。几年里，接二连三的失败并没有使他气馁，而是勇敢的面对，挑战失败。过了两年，他再次竞选美国国会议员，依然遭到失败。

在他 51 岁时，1860 年，他终于当选为美国总统。他就是一个令全世界都为之叹服的伟人——美国第十六任总统，亚伯拉罕·林肯。他战胜了生命中接踵而来的各种挫折与不幸，最终战胜了自己，登上了人生理想的高峰。

鲁迅先生说：“人生的旅途，前途很远，也很暗，然而不要怕，不怕的人面前才有路。”的确，在通往成功的道路上，不乏荆棘和陷阱，到处都有困难和坎坷。有些人遭到了一次次失败，便把它看成拿破仑的滑铁卢，从此一蹶不振。而对于一心要取胜，立志要成功的人来说，一时的失败并不是永远的结局，在每次遭到失败后学会重新站起，要比以前更有坚强的毅力和决心向前努力，不达目的决不罢休。

布伦克特说：“只要不让年轻时美丽的梦想随着岁月飘逝，成功总有一天会出现在你面前。”要坚持你的梦想，不要退缩，成功并不是海市蜃楼，那是黎明前的黑暗，因为阳光总在风雨后，请相信有彩虹！坚持自己的梦想，成功就在你的前头！

纵观古今中外的成功人士举不胜举，司马迁虽然身受宫刑，但仍不屈不挠，凭着顽强的毅力完成了巨著《史记》；海伦自小双目失明，饱受病魔缠身，但她自强不息的精神促使她写下了一部又一部脍炙人口的文学著作……战胜自己说起来容易，但是真正地做起来要比战胜别人难的多，因而战胜自己，就要有坚韧不拔的意志，要有根深蒂固的信念，要有在逆境中成长的信心，要有在风雨中磨练的决心。不要时时刻刻把战胜别人看得太重要，最大的胜利便是战胜自己。战胜自己并非易事，所以，青少年朋友们要加强培养战胜自己的目标、决心、能力及克服困难的勇气。

7. 接纳自己的不足之处

忧郁心理是一种阴霾般的低潮情绪笼罩的心理疾病，宛如织网般地难以挥去，而不是一种短暂的、可以消失的情绪低沉。在每个人一生中或多或少都会碰到极大的挫折与压力，或因人际因素、家庭的因素、经济上的因素、工作或学业的困扰等诸多压力事件，情绪无法获得有效的宣泄，周而复始一再累积，很快就会产生“忧郁”情绪。人们心里一旦产生了这种情绪，会影响到行为和心情。

过分追求完美，带来忧郁心理

现在的青少年为了追求完美，对自己实施过分的要求，期望自己达到完美无缺。殊不知，在追求完美的时候，若不顾自己的实际状况，会给自己的心理无形中带来压力。若平时不能容忍自己“不完美”的表现，对自己“不完美”的地方过分看重，甚至把人人都会出现的，人人都会遇到的问题看成是自己“不完美”的表现，总对自己不满意，渐渐地影响了自己的情绪和自信心。

青少年对自己的长相不满，对自己的家庭条件不如意，对自己的穿戴不喜欢……心理上的这种不完美，都是由于过于追求完美，对自我过于苛刻造成的。若只接受自己理想中的“完美”的自我，不肯接纳现实中平凡的或有缺点的自我，其后果往往适得其反，使大家对自我的认识和适应更加困难。久之，心理就会滋长出忧郁的萌芽。

王娟，某市重点中学的初三学生，一个才貌双全的女孩子，在老师眼里是个“熊猫级”人物，在同学眼里是“佼佼者”，惟一美中不足的是她缺乏对艺术方面的认识。每当学校举行什么晚会，同学们都报名参加了，只有她没有。她不会唱歌不会跳舞，每次晚会活动的舞台上都没有她的身影。为此，她很生气，自己一向是老师、同学心中的“骄子”。在这样的舞台上，却没有自己。她就抽出一部分时间来学跳舞，可是，也许她太过于追求完美，总觉得自己跳地不好，像只鸭子扭来扭去的。由于心理上常常对自己不满，时间长了，就积压出了忧郁的情绪，成绩也随着下降了。

像王娟这样的青少年越来越多。殊不知，要想改善对自己期望过高的心理，首先要树立正确的认知观念。人不能十全十美，每个人都有优缺点，人既不会事事行，也不会事事不行，一事行不能说事事行，一事不行也不说明事事不行，优点和缺点不能随意增加或丢掉，成功失败也不是自说自定。一个人应该接纳自己，并肯定自己的价值，不自以为是也不妄自菲薄。

大家在追求完美的时候，一定要找好自己的立足点，不要盲目地为自己过分的要求。有的青少年无形中去重视了别人，而贬低了自己。人应该立足自己的长处，清楚，接受并尽力改进自己的短处。成功时应多反省缺点以再接再厉，失败时多看到优点和成绩，以提高自信和勇气。对青少年来说，必须明确自己的期望是什么，以及这种期望的来源是来自自我的本身能力和需求，还是从满足他人的期望出发。只有明确这一点，才可以真正认清自己，规划自己的发展方向，最终建立独特的自我。

最后，接纳自己的不完美。人各有所长所短，每个人都是独特的，与众不同的，应欣赏自己的独特性，并不断地激励自己。

接纳自己的不足，战胜忧郁

目前，青少年忧郁心理有明显增多迹象，然而，人们对这一心理现象的认识依然模糊不清。很多人认为青少年偶尔想不开或心情不好，这是很正常的一种心理。事实上，忧郁心理往往会导致青少年情绪障碍，延误就医的结果经常导致学业中辍，甚至误了一辈子的前途

具有忧郁心理的青少年，往往不愿与他人交往，学习动力不足，对以往感兴趣的文体活动、影视也感觉平淡乏味。性格越来越内向，甚至离群索居，自我封闭，有时又无故烦躁不安等。

小敏同学的父母在“热潮”中双双下岗，家庭条件十分困难，聪明勤奋的小敏由于性格内向，父母下岗无疑让她的心里蒙上了一层阴影。她担心学业因家庭困难而被中止，心中的忧郁无处诉，从此变得沉默寡语，与同学之间的交往也变少了，遇有人与其打招呼或全然不睬，或报以淡笑。幸而后来以优异的成绩考取一所名牌大学。虽然家里困难，但父母还是非常愿意供她读大学的，可是她上大学不到一个学期即因心理症状而休学。

小敏因为自己的家庭条件不好而导致忧郁的心理，从心理学上

来说，这是很正常的现象。现在越来越多的青少年都在“攀比”，家庭、经济、吃穿、长相等，而这些对于条件不好的学生来说，无疑是一种心理上的自卑，时间长了就产生忧郁。

其实，大家不要为自己的不足而失落，要敢于去接受自己的那些不完美。在世界上，没有十全十美的人，大家要去认真对待自己，可以从下面几方面着手：

获得支持。青少年遇到挫折、失意时，绝对不要闷在心里，找家人或朋友谈谈，不仅可以宣泄情绪，他们或许可以给你不同的看法。

积极态度。凡事保持乐观的想法，即使是失败了也应该勇敢面对，因为失败是成功之母，凡事抱着正面积极的想法，不要因为看到阴天就想到下雨，下了雨更应该想到雨过天晴之日，风雨过后是彩虹嘛，总有一天必能“心想事成”。

生活有规律。很多青少年朋友因为学习时间抓的紧，认为运动浪费时间。或是为了准备应考而常常“开夜车”。需知，学习需要劳逸结合，即使要考试也不要常常为了准备考试而熬夜，更不应该利用运动时间而苦学习。适度的运动可以放松身心，让学习更有效率。

定计划留有余地。每天晚上睡觉以前，考虑明天干什么。计划不能定的太高，也不要太低，充分留有余地。这样每天都可以顺利完成计划。这就是人们通常所说的“跳一跳就可以摘下果实来”。

及时肯定自己。每天晚上睡觉以前，要充分肯定自己这即将过去的一天的成绩和进步，不讲消极的东西。能写日记最好，把好的体验、进步、成绩记到日记上。天天都这样记日记，觉得生活会越来越有意思。

8. 多一些宽容，少一些烦恼

《荀子·非相》中说：君子贤而能容罢，知而能容愚，博而能容浅，粹而能容杂。这是在告诉人们：君子贤能而能容纳无能的人，聪明而能容纳愚昧的人，知识渊博而能容纳孤陋寡闻的人，道德纯洁而能容纳品行驳杂的人。宽容往往是成大事者的必备品质。

对于青少年来说，宽容是一门必须要学习的课程。青少年之间的友谊交往，本是很单纯、美丽的，它凝聚着我们的思想、情感。但在其中难免会出现冲突，摩擦，往往就是一些鸡毛蒜皮的事，断送了一段美好的回忆、一次纯洁的友谊。其实，这些不愉快的结果，只是青少年不懂得宽容别人、谅解别人。待人处事，如果没有宽容，就没有友情，没有了宽容就失去了善。宽容是一种美德，一种修养，也是衡量一个人层次高低的标准。能够给别人一个改过自新的机会，同时也让自己了一些烦恼。学会了宽容，人世间便会多了几分温暖。

宽容是人格的升华

第二次世界大战期间，有一支军队在森林和敌人相遇了，于是一场激烈的战争爆发了。激战过后，有两名士兵和部队失去了联络，巧的是两个人来自同一个小镇，这让他们彼此靠得更紧了。他们在森林中艰难跋涉，互相鼓励、互相支持，就这样挺过了十几天，可依然联系不上部队。也许是因为战争，连动物们都不见踪影，他们随身带的食物已经吃完了，如果再没有猎物的话，他们很可能会被饿死。

也许是上天有好生之德，有一天，两人遇见了一只鹿，他们把鹿杀死后，靠着鹿肉又艰难地熬过了几天。比较年轻一点的战士把仅剩下的一点鹿肉背在了身上。不巧的是，他们又一次与敌军相遇，经过再一次交战，他们又幸运地避开了死神。就在自以为已经安全时，只听到一声枪响，走在前面的年轻的战士突然中了一枪，不过幸亏这一枪只是打在了肩膀上。后面的战士惊惶地跑了上来，他害怕得全身颤抖，说话也语无伦次，抱着战友的身体泪流不止，并赶快撕下衬衣为战友包扎伤口。

到了晚上，受伤的士兵一直很虚弱无力，他们都以为他们的生命要在这里结束了，这一关是闯不过去了，尽管饥饿难当，可是谁也没有动身边的鹿肉，连他们自己都不知道是如何度过了那个艰难的夜晚。第二天，奇迹出现了，他们和部队取得了联系，得救了。

30 年之后，当初受伤的战士回忆说："其实我知道，就是我的战友向我开的枪，因为他在抱住我的时候，我感觉到他的枪管在发热，我到现在也不明白，他为什么会向我开枪，也许是想独吞鹿肉吧。但是当我看到他惊慌失措又悔恨无比地为我包扎伤口的时候，我就宽恕了他。此后的三十年里，我也一直假装不知道此事，也再没有提起这件事。战争的残酷让他的母亲没有等到他回来便辞世了，在我和他一起祭奠老人家的那一天，他向我跪下，求我原谅他，我没有让他继续说下去。我们又做了几十年的朋友。我用宽容换来了一段珍贵的友谊。"

多么伟大的宽容！简直可以说是荡气回肠，这位战士的宽容不禁让我们对他肃然起敬，此时他的人格魅力闪耀着无限的光芒。宽容真的是一种崇高的精神境界，一种充满智慧的处世之道。而现在的社会里，青少年似乎根本不懂得宽容的涵义，只知道得理不饶人。和平的年代里也许不需要他们做出如此惊天动地的宽容，但对身边的人宽容却是义不容辞。

宽容别人，就是善待自己

每个人都会有和别人发生摩擦的时候，请时刻记住：学会宽容、善待他人。宽容是一种品质，令人钦佩敬仰，它不仅象征成熟，更代表了一种境界。年青的朋友们更应该具备这种品质，让自己稚嫩的心变得更加成熟稳重。

在日常生活中，青少年往往对于家人所犯的错误更容易大动肝火，或者说更容易因为看不惯家人的某些做法而发脾气，这种行为真是让人痛心疾首。为什么就不能对家人宽容一些呢？俗话说：家和万事兴。而宽容就是“家和”的根基。是父母把你们带到了这个世界上，给了你们温暖的家庭，是兄弟姐妹伴着你们度过了青春年少，一起编织了梦幻般的童年，无论你面临怎样的困难，遇到怎样的挫折，始终都是家人在为你鼓气，你发脾气的时候有没有想到过这些呢？

所以，对家人宽容一些吧，宽容能让家庭成员相互信任和团结、相互理解和包容，从而让家庭更和睦、和谐。宽容父母的一点点唠叨，宽容他们稍显落后的生活习惯，让他们有一个幸福安乐的晚年生活；宽容和你情同手足的兄弟姐妹，这份血浓于水的亲情将更加弥足珍贵。对家人多一些宽容，那你便拥有了一个能遮风避雨的港湾，风雨来临之时，你就可以放心地躲在里面，一切烦恼就请将它留在港湾之外。

除了对家人宽容，还要对朋友宽容。正处于意气风发的青少年朋友，总是很容易偏激、暴怒、盲目行动、甚至“疾恶如仇”，不懂得珍惜和朋友之间珍贵的友谊，屡次因为冲动而和朋友闹得不可开交，这些都是幼稚的表现。人生在世，能有一个志同道合的朋友相伴一生，这是多么得难能可贵！所以有句话说“财富不是一生的朋友，但朋友却是一生的财富”。虽然可能会发生争执，但都是建立在彼此真诚的基础上，有时候争吵还能让你们共同进步，所以对朋友要采取宽容政策，因为一点小事就牺牲友谊不是太不值得了吗？

对朋友多一些宽容，友谊之树才不会在时间老人的脚步里褪色，心灵之花也不会在季节的变幻里荒芜。朋友的指责、朋友的规劝以及朋友的犀利言词只不过因为他想要帮助你改掉身上的缺点，这有错吗？即使朋友真的做错了什么，但只要心是真诚的，就应该宽容他。给朋友多一次宽容，就是给自己多一次机会。通过这一纽带，才会让你们更加同心协力地携手并进，不管以后的路是艰难还是困苦，总有一个人在身边陪伴，搀扶着你，这难道不是一种幸福吗？

对于还在学校读书的青少年来说，平时接触最多的人莫过于同学了。学校就像是一个大舞台，每一个同学就像是舞台上的演员，能不能把这台戏演好，就要看同学们之间是不是可以融洽的配合。如果你因为私下的恩怨而显得特立独行，那么就注定了这场戏的失败。对于同学，同样需要宽容。来自四面八方的人能在一块学习，这也是一种缘分，在朝夕相处中会有小小的摩擦在所难免，如果不能宽容视之，必定就会影响同学之间的和谐关系。

能够对同学宽容实际上也是为自己铺平一条道路，也许同学一句不经意的话触痛了你的心，但是你要相信他绝对不是故意的，能够宽容他也会让他对你心存感激，多了一个关系要好的同学，自己的路当然就更好走一些。所以，在和同学相处的过程中，一定要学会互相谦让和包容，互相理解和支持，这样才能形成一个和谐的集体环境，同时也营造一个良好的学习环境。宽容能够带来这么多的好处，难道你还有理由拒绝吗？

9. 缺憾也是一种美丽

俗话说："人无完人，金无足赤。"世界上没有什么是十全十美的，通常人们所说的完美也只是相对而言的，因此，缺陷在我们的生活中无处不在。而人们常常说的"完美人生"其实也并不完美，正因为这种不完美才会使人有情感，正因为这种不完美才会使人不断前进。在弥补缺陷的过程中，当我们收获到意想不到的成果时，这其实何尝不是一种美呢！

事实上，每个人生活在这个世界上都不可能避免缺陷，只要你能坦然的面对缺陷，它就是美好的。也有人说："不完美的人生才是最完美、最充实的人生。"只有这样才会利用自己的不完美把自己改造的更完美。如果你自认为你的人生是完美的，那你的人生也将会是没有意义的一生，因为你已经完美了，对其他的所有都无所谓了。可见，缺陷的确是一种美，即使不美也会变得更加完美。

懂得缺憾的美

心理学家指出："一个先天的缺陷，往往会造就他后天在某一方面的成就。因此，这样的缺陷，被称为'高贵的缺陷'"。也许你会说那些都是名人们，像我们这样的人有多少会有那样的幸运呢？其实并不是这样，同样生活在同一片蓝天下，每个人都有掌握自己命运的舵手，即使你有再大的缺陷也有可能扭转你的命运。

断臂的维纳斯刚被发现的时候，就轰动了世界。人们不仅为她的美所倾倒，更是因为她那失去的双臂而惋惜，同时也表示了无限的同情。

有一天，所有的雕塑家都收到了一封信，说如果谁能给维纳斯镶上最完美的手臂，那谁就能成为全世界上最伟大的雕塑家。得知这一消息后，每一个雕塑家都冥思苦想，力求最完美，直到截稿那天，研究所收到了很多很多的作品：其中有的手捧着鲜花，有手握着利剑，有手托着白鸽，也有双手交叉放在胸前的……但这些方案都没有被采用，因为这些都是不现实的，因为人们已经习惯了断臂的维纳斯。最终，维纳斯至今仍然是没有手臂的。试想，如果当时维纳斯被镶上了手臂，那么后来的人就不会再被她特殊的美所吸引，更不可能会为她的缺陷而表示同情，也不会对她有着幻想，不会……

维纳斯最终还是维纳斯，她就是那个有着缺陷的美人！尽管他是有缺陷的，但他是美的，因为世界上没有什么是十全十美的。任何事物、任何人都有着自己的长处，也有着自己的短处。

是的，残缺也是一种美。生活中人人都在追求完美，但绝大多数人却忽略了残缺的美，忽略了真实的美，殊不知这种残缺的美才是真正意义上的一种美。

在美国有这样一位著名的主持人，他的右手只有四个手指。之前，他曾找过许多工作，但都被拒之门外。直到他有机会作一次实验性主持时，他摘掉了那副仿手套，把自己真实的形象展现在广大观众的面前。意想不到的是，他的举动赢得了观众的赞赏，这不仅没有阻碍他成功，反而与他的魅力联系在了一起，变成了他独特优势的一部分。在很多人看来，最不完美的应该就是生理上的缺陷了，就像以上故事中所说的手与臂，但这既然无回挽回，为何又要去掩盖这种真实的美呢？事实上，生活中，只有真实的美才是最美的。

如何看待缺陷

人人都知道世界上没有十全十美的事物，这样那样的缺陷无处不在我们的身边。人们常说的祝愿话“万事如意、事事顺心等等”，其实只是人们内心美好的一种祝愿，人生之事不如意十有八九，这些都是客观事实。如面对生活中的失败，有的人面对失败，是恐惧的，是灰心丧气的，对生活也失去了信心与希望，而另一些人则可以从缺陷中发现自己别样的美。

曾有一个农夫每天要走一条很长的路去挑水，但由于过于贫困只能有一只桶是好的，而另一只则是漏水的。这只漏水的桶觉得很对不起主人，很希望把自己换掉，因为每次主人把自己挑回来时，里面的水只能剩下一半。

一次，在农夫挑水回来的路上，看到他每天走着路对这只桶说：“你看到这条路的两旁了吗？一边是光秃秃的，另一边却长满了花草，还有飞来飞去的蝴蝶蜜蜂。这些都是你的功劳，如果没有你，就不会有这些漂亮的花草。虽然每次回去你只能装一半水，但你却为大家创造了一个更美好的世界。”

青少年们，现在你发现了吗？残缺又何尝不是一件好事呢！它其实也是一种美，一种让人深感个性化的美，它就像一个圆，如果把它无意分成两半，再使他们各自去寻找自己的另一半，当它们找到彼此即使重新组合在一起，也无法恢复原本的样子了。如果你把镜子摔碎了，即使把它们重新组合在一起，也不会有原来的效果了。但如果两个半圆或是两个不同形状的镜子则可以给人们一种新的启示，使人们发现更加美好的其他事物。

生活中的失败，也并不可怕。因为失败过后，可以使自己积累更多的经验、为下次的胜利奠定基础。所以，我们应该学会欣赏缺陷美，正如汪国真在《失败》中这样写道：“不必怕一败再败，只要最后赢了；不必喜一胜再胜，如果最后输了。不怕失败，只怕失败后再也站不起来”。“鸟美在羽毛，人美在心灵”是啊，其他的不完美事实上都称不上不完美，只有心灵不完美才是真正的不完美。因此，没有必要为了所谓的不完美而气馁，只要我们坦然一些，即使缺陷也是美丽的。

10. 幸福就在心中

上帝本想把幸福放在高山上，但担心登山者采摘到，于是上帝就想把幸福放在深海中，但又担心潜水者得到，后来，上帝决定把幸福埋藏于每个人的心中，让人们自己去感受属于自己的幸福。

幸福是什么？幸福是空气，围绕在我们身旁，随时都可以感受的到；幸福是小鸟，欢快的叫声我们总能听到，但却无法轻意地抓到；幸福是一杯水，虽然平淡却真切；幸福就是心灵深处那一抹香，清淡而充实。其实，幸福就在我们的心中，当我们因为某件事情感到满足和快乐的时候，在我们脸上或心中浮现出的就是幸福的痕迹。青少年朋友，你感受到存在于心中的幸福了吗？

知足者才常乐

幸福是一种来自心灵深处的体验，它与一个人的生活状况无关，而是取决于一个人的内心感受。我们常说“知足者常乐”就是这个道理，一个人只有学会自我满足才能感受到幸福。幸福是自己给自己的礼物，也许别人不觉得我们幸福，但只要我们能自得其乐，便会从中找到幸福的理由。

幸福就是做自己喜欢做的事情，幸福就是实现自己的愿望。一个人在烈日炎炎的田里劳作，累得满头大汗，别人觉得他为了生计实在太辛苦，但只要他自己觉得是幸福的，那别人的感觉根本不重要；而一个人在花园里悠闲地散着步，别人是多么羡慕他的悠闲，但他自己却感受不到一点幸福，那就算别人再羡慕他也感觉不到幸福所在。其实就是这么简单，同样的情境不同的人会有不同的心境，结果自然也是不同的。当你觉得你是幸福的那你就是幸福的，幸福与不幸福其实都在自己的心中。

幸福虽然平淡但却真实，不必怀疑平淡的幸福，不必产生这样的疑问：“这就是幸福吗？这就是我花了那么多精力得来的幸福吗？”是的，这就是幸福，幸福无需金钱来填充，幸福无需官位来衬托，幸福无需美言来相随。对于盲人来说，幸福就是能看到太阳升起时的辉煌；对于聋人来说，幸福就是能聆听到乐曲的悠扬；对于哑巴来说，幸福就是能与他人进行心灵的交流。而对于我们青少年来说，幸福就是清晨推开窗迎进的第一缕清新的空气；就是暴雨过后天边的那一道彩虹；就是熬夜后得出的那个完美的答案；就是当老师验证实力后的那一句赞美；就是每天妈妈精心准备的那道可口的饭菜；就是天凉时爸爸那一句关怀的叮咛……这所有的所有，都是我们值得珍藏的幸福。

每个人都是自己幸福的创造者，用一颗纯净的心去敏锐的洞察世界，发现幸福，将之收藏在内心深处的情感匣中。迟早有一天，我们内心深处每一个角落都会成为幸福流淌的地方，不时开启我们的心门，我们会永远获得幸福。在漫长而短暂的人生路上，携着希望一路播撒幸福的种子，默默地为他人付出，勤勤恳恳地做有益于社会的事，收获的将是沿途美丽的风景，是感动各方后获得的幸福感。人生路上有幸福相伴，我们不会再孤单，心灵的土地永远不会再贫瘠，心中幸福的花儿也会开的分外艳丽。

用心才能感受到幸福

的确，幸福是一个最具有主观色彩的概念。一个人是否幸福，完全在于他内心的感受，在于他定义幸福的标尺和他对于人生的体味，幸福从来就没有绝对的标准，可谓见仁见智。也许，一个人所遗弃的他所谓的不幸，正是另一个人努力找寻的幸福。很多时候，当我们正体恤某个人孤单寂寞时，却不知他正专注于自己的爱好和研究，幸福到了陶醉的地步；而有时，让我们羡慕不已的“幸福者”，却往往会做出“身在福中不知福”的事。幸福就是这样一种东西，幸福掌握在我们每个人的手中。我们常说要追求幸福，就是要努力达到心中界定的那个幸福的标准，这个过程也许会有艰难险阻，也许会山高路远，甚至需要付出生命。但只要认定那就是心中的幸福所在，我们就不会怨天尤人，就不会在意旁人的冷嘲热讽，因为追求幸福的路上我们活得快乐、舒心而充实！

真正幸福的感觉来自于心灵深处，它美好、快乐而又充实，我们每个人都有权利去追求幸福，而且每个人的机会都均等！其实幸福就在我们的心中，只要用心去感受，去体会，我们会发现，幸福离我们如此之近，它唾手可得。幸福是生活中的点点滴滴，原本很平常的生活细节，如果我们用心去感受，也能体会到其中的幸福滋味。

幸福就是“临行密密缝，意恐迟迟归”的关怀。是我们每天上学出门前，母亲那不厌其烦地叮嘱：上学路上注意安全，小心车，在学校听话，别惹祸。当我们捂着耳朵跑下楼时，细细体味一下，这简短的一句话包含了母亲多少牵挂在里面，是母亲发自内心的真情流露，我们会感到心中响起了幸福的乐曲。

幸福就是“春种一粒粟，秋收万颗籽”的体验。考试前我们全身心地投入到复习中，早出晚归，废寝忘食。上课时不再调皮捣蛋，而是认认真真听讲；下课后不再贪玩疯跑，而是安安静静复习；周末不再疯狂玩耍，而是仔仔细细地做作业。当我们脑中充满习题解析，吃饭也不忘听英语时，我们体会到学习的乐趣；当我们取得理想的成绩时，内心充满了收获后的幸福感。

幸福就是“但愿人长久，千里共婵娟”的祝福。当新的一年到来时，我们会收到许许多多同学送来的五颜六色的卡片，当我们怀着激动的心情一张张打开时，各种各样的祝福随之而来，“开心每一天”、“保持好心情”、甚至还有“越吃越胖，做个健康宝宝！”拥有这么多的祝福，拥有这么多的感动，我们怎么会不幸福呢？

是的，幸福并不遥远，幸福就在身边。幸福是当妈妈亲吻额头时，我们脸上绽放出的开心而满足的表情；幸福是当我们因优异的成绩而获得别人夸奖时，脸上绽放出骄傲而欣慰的笑容；幸福是当我们因为帮助他人而受到老师和同学的称赞时，心里涌出的喜滋滋的味道……甚至当我们因吃了一顿丰富的饭菜而感到满足时，我们其实也已经品尝到了幸福的味道。

11. 换个角度看得失

在古希腊有个人问著名的哲人苏格拉底：“请你告诉我，为什么我从来没有见过你蹙额愁眉，你的心情总是那么好吗？”苏格拉底回答说：“因为在生活中，没有哪种失去能让我感到遗憾的东西。”的确，苏格拉底的好心情与他的得失观是密切相联的。

在我们现实生活中，不管是得到的还是丢失的，我们都要换个角度看待得失。因为，得失本是自然亘古如一的规律。得是一种通过艰苦奋斗的获得、是一种苦心孤诣的赢得；而失是一种粗枝大叶的放弃、是一种马马虎虎的放纵、是一种应付了事的放逐、是一种袖手旁观的放逐、是一种自以为是的放肆。所以，春夏秋冬，循环不已，周而复始，无穷无尽，它孕育了世间纷繁万物，蓄养了千万的生灵。此时正因为失去了春天里的姹紫嫣红、妖娆多姿，才迎来了夏天的激情洋溢和活力四射；告别了秋天的硕果累累，才拥有了冬天的静谧祥和，就这样在得与失之间使得到的让人愉悦，而丢失的却让人醒悟，所以，换个角度看得失皆是一件奇妙的事。

豁达看得失

得是你付出后的惊喜，但你必须要用心去珍惜；失是你疏忽后的惊讶，但要你还必须用情的珍视；得了，请你不要招摇过市、沾沾自喜的飘然起来；失了，也请你不要灰心丧气、放任自流的默默的消沉下去。得与失，都是要你知道如何把持自己的一种荣辱不惊、从容不迫的态度。

有这样一则耐人寻味的故事：

有个人向三位修行人请教如何才能得道。第一位修行人说："在葡萄园里，我看到枝叶茂盛的葡萄藤上挂着晶莹剔透的葡萄是那么的美丽，到了中午人们摘取后，留下的却是一片破败狼藉的景象，我因此而得道。"第二位修行人说："我坐在池塘边，看到圣洁的莲花在清晨时分开得非常美丽，到了中午有一群人跳进莲池里洗澡，一会儿工夫就把莲花蹂躏殆尽，我因此而得道。"第三位修行人说："夏季的每天清晨我在水边静坐，看到晨间小溪里的鱼儿自由自在的游来游去，然而，到了中午，渔民们拿了网子，用诱饵把这些可爱的鱼儿全诱到了网中，我因此而得道。"

这个人在回家的途中仔细品味着这三位修行人的话，当他路过海边时，发现沙滩上堆了许多沙堡。没多久，一浪又一浪的潮水涌上岸来，当潮水退走时，先前的那些沙堡，已经消失得无影无踪。这时他恍然大悟："原来事上的许多事物，不论费尽多大的心机，花了多大的力气，即使能够拥有，也都是暂时的。"所以，在生活中，有舍就有得，舍就是失去，就是意味着放弃；得就是退一步海阔天空的超越。在这个物欲横流的经济社会里，大多数人都乐于得而痛于失。如果得了就会心满意足，沾沾自喜，喜形于色；如果失了，就会沮丧不已、自我消沉。其实，失去是一种痛苦，也是一种幸福，因为失去的同时也在得到。

世上万事完物是从来没有绝对的利，也没有绝对的害，得失也是如此。有些人，在获得成功后，就拥有高级别墅或者豪华住宅，但他们的内心却陷入了空虚、落寂和无聊，以至精神崩溃等。所以，失去并不一定是件坏事，因为在失去中始终蓄藏着生机，这就需要你去细心观察发现了；失误中储藏的正确，需要你虚心的弥补。它让我们明白了得到是一种幸福，失去是另一种幸福，让我们把握今天，不乞求也不放弃，做任何事情都随遇而安。

所以，正确的看待得与失，是一种聚精会神的认得；是一种乘风破浪的取得；是一种专心致志的自得；是一种脚踏实地的忍得；是一种集思广益的博得。

塞翁失马，焉知非福

对于生活中的失去，我们应该从容的对待。人生就是在一种得失的选择和重复中延伸。在我们面前，无时无刻不存在得失权衡，然而，有时得失的转换可能就在一线之牵。厄运之后方可见幸运。在《淮南子》中就有这样一段记载：

从前，有位老汉住在与胡人相邻的边塞地区，来来往往的过客都尊称他为“塞翁”。老翁精通术数，善于给人算卜过去和未来。生性达观，为人处世的方法也与众不同。

有一次，老翁家的一匹马，无缘无故挣脱羁绊，跑入胡人居住的地方去了。邻居们得知这一消息以后，纷纷表示惋惜。可是塞翁却不以为意，他反而释怀地劝慰大伙儿：“丢了马，当然是件坏事，但谁知道它会不会带来好的结果呢?”几个月后，那匹丢失的马突然又跑回家来了，还领着一匹胡人的骏马一起回来。邻居们得知，都前来向他家表示祝贺。并夸他在丢马时有远见。然而，这时的塞翁却忧心忡忡地说：“唉，谁知道这件事会不会给我带来灾祸呢？”老翁家畜养了许多良马，他的儿子生性好武，喜欢骑术。塞翁家平添了一匹胡人骑的骏马，使他的儿子喜不自禁，于是，就天天骑马兜风。有一天，他儿子骑着烈马到野外练习骑射，烈马脱缰，把他儿子重重地甩了个仰面朝天，摔断了大腿，成了终身残疾。善良的邻居们闻讯后，赶紧前来慰问，而塞翁却还是那句老话：“谁知道它会不会带来好的结果呢？”

又过了一年，胡人侵犯边境，大举入塞。四乡八邻的精壮男子都被征召入伍，拿起武器去参战，结果十有八九都在战场上送了命。靠近边塞的居民，十室九空，在战争中丧生。而塞翁的儿子因为是个跛腿，免服兵役，所以，他们父子得以避免了这场生离死别的灾难。因此，福可以转化为祸，祸也可变化成福。这种变化深不可测，谁也难以预料。

后世有许多人对这个故事进行了评价和引用。宋魏泰《东轩笔录失马断蛇》：“曾布为三司使，论市易被黜，鲁公有柬别之，曰：‘塞翁失马，今未足悲，楚相断蛇，后必有福。’”陆游《长安道》诗：“士师分鹿真是梦，塞翁失马犹为福。”后来又发展为“塞翁失马，焉知祸福。”这则哲理被世人频频应用，用来说明世事无常、或因祸得福，好事变坏事。

这就印证了得失转换的关系，有时觉得就要得到的时候，可能更大的失去正在发生；但就要失去的时候，可能正在换取更大的获得，而他们之间的转化就可能在你的抉择中瞬间发生。有时候，得到是福，失去也不一定是祸。还有一点也是非常重要的，很多时候我们也要学会舍弃。日中则仄，月满则亏；圣哲说：谦受益，满招损，都是警醒我们，要学会舍弃。如若：一味的贪婪务多，不知舍弃有些东西，终受其害。而且，世事纷扰，物欲横流，不能明智的择舍，或许就会在复杂的现实社会中迷失。因此，坦然面对人生的得失，就是为自己打造一个更加完美更加坦荡的人生。

人生也是如此。于人而言，得与失是一对永恒的矛盾，总是相伴而生，交替更迭，如影随形的陪着人们走过一生。在得与失之间，我们无须不停地徘徊，因为得到的就是在你积极主动出击而经过一番努力拼搏之后所取得的成绩。所以，换个角度看得失，你就会有意想不到的收获。

12. 摆低自己的位置

苏联生理学家巴甫洛夫说：“无论在什么时候，永远不要以为自己已经知道了一切。不管人们把你们评价的多么高，但你们永远要有勇气对自己说：我是个毫无所知的人。”

因此，正在接受知识的青少年们，要时常保持着“谦虚”的心态去学习，要抱着“不满足”的心理去接受新的世界。谦虚可以使人进步，而骄傲使人颓废。无论在什么时候，都要摆低自己的位置，谦虚地生活。

避免自我膨胀，战胜骄傲

骄傲心理是指高估自己，低估别人而引发的一种傲慢自负的心理。这样的青少年往往虚荣心较强，只爱听表扬、夸奖的话，不能挨批评，不爱接受别人的意见。在竞赛活动中，只能赢，不能输，稍有挫折，容易失去心理平衡。

生活中最重要的事是完善自己的灵魂，而骄傲的人始终认为自己是十全十美的。正因如此，骄傲极为有害。骄傲的人总是忙于教训他人，以至于从不考虑自己，当然也不必考虑：他们是那么地好。正因如此，他们教训他人越多，自己就跌得越低。正如俗话所言："你们中间谁为大，谁就要做你们的佣人。因为凡自高的，必降为卑；而那自卑的，必升为高。"

何某，聪明活泼、能说会道、能歌善舞，喜欢参加班级、学校组织的各项活动。家庭条件非常好，父母在物质上都对她给予极大的满足。尤其是父亲，由于自己儿时生活很艰苦，因此希望女儿过得好，对女儿十分溺爱。在学校，由于她勇于表现自己，受到老师器重，同学们也佩服她的口才与文笔。长久下来，她养成了自尊自大的性格，与同学说话总是一副盛气凌人的样子。渐渐地，同学们都不理她，她也感到困惑，常常因没有朋友而闷闷不乐，甚至整天让父亲给她买一只小狗做伴。

上面的例子在生活可谓是处处见到，现在的青少年都过于高估自己，心理上慢慢形成骄傲。这样下去，会把自己的前程毁掉的。所以，青少年要学会全面分析问题，看到自己的不足，摆正自己的位置。

山外有山，天外有天，自然界的事物无止境，要想认识自己，就必须丢掉个人主义的有色眼镜，学会全面、客观、发展地看问题，学会掌握分析事物的方法。人一旦跳出自我小圈子，站在客观的高处，低头看，就会找到自己的位置。到那时，就不会过高地评价自己，就不会昏昏然，就会发现我们只是沧海一粟。我们所取得的成绩和所谓的那点资本同别人相比，同未来事业的需要相比是微不足道的，这样，我们会冷静许多。

许多青少年由于看不到自己不足，做某件事成功了沾沾自喜，就觉得自己很多方面都比别人强。如果你能经常发现强人，并且体会到自己的不足，与强人有多大的差距，这样就会变得谦虚了，自然骄傲也就远离你了。当你在学习上有了进步取得好成绩时，应当把成绩当作过去，更加努力。不要嘲笑在某些方面不如自己的人。因为每个人都有长处和短处，应虚心学习别人的长处，克服自己的不足，这样才能有利于个人的进步。不要与同学比吃穿，更不要瞧不起那些生活困难、朴素的同学。当听到表扬时要勉励自己：戒骄戒躁，不断进步。

应常怀谦虚之心

著名的文学家、思想家、革命家鲁迅先生曾经说过：“不满足是向上的车轮。”只有谦虚谨慎，不骄傲自大的人才能获得成功，一步一步向人生的顶峰攀登。它是人生成功的奠基石，是黑暗中指引方向的路标，是乘风破浪前行的有力武器。

受世人崇敬的周恩来总理，一生谦虚谨慎，平易近人，身为总理虽日理万机，公务繁忙，但每到一处都要深入群众，了解情况。一次，他到上海考察，与电影演员们会面，在亲切交谈中，有个小同志热情地向他建议，说：“总理，您给我们写一本书吧！”可他却回答说：“如果我写书，就写我一生中的错误，让活着的人们从过去的错误中吸取教训。”

这样的事例举不胜举，都意在告诉我们，谦虚不仅是一种美德，更是一种激励青少年积极向上的力量。谦虚之心更能显示人的智慧。人人都希望自己充满智慧，变成聪明人；只有谦虚地去学习，在成功中不断进取，一步一个脚印，才能产生更多的智慧。

我国伟大的文学家、历史学家郭沫若先生，一生中曾创作过很多作品，名声大振。可他仍然不忘虚心听取别人的意见。在一次演出前，临时将一句台词进行更换。这并不是没事找事做，而是在原优秀作品上镀上一层金，味道更浓了。但是，有些人并不是这样，他们一直自认为自己很优秀，很了不起，不愿意听取别人的意见，总是一意孤行，任凭自己的做法胡乱操作下去，结果可想而知。

孔老夫子，他是我国古代伟大的教育家，弟子万千，可他从没有自满，常常以自谦的态度教育弟子，还告诫弟子说："三人行，必有我师焉。"

谦虚是一种美德，也是一种修养。谦虚者可以包容别人、善待别人，学习和吸取别人有益的经验和知识，从而提高自己，避免浅薄无知。常怀谦虚之心，会多一分清醒，少一分陶醉；常怀谦虚之心，会多一分合作，少一分孤立；常怀谦虚之心，会多一分警惕，少一分危险。

在每一个人追求成功的人生道路上，谦虚是人们必备的一种品质。谦虚是一个人正确对待自己，正确对待别人的重要道德要求。谦虚不是软弱而是自知，是一种广阔的胸怀，是一种虚怀若谷的情操，是一种难得的品质，是一种对知识、真理追求的真诚态度。只有谦虚的人才有智慧的头脑。

伟人毛泽东说过：谦虚使人进步，骄傲使人落后。青少年朋友在成长的道路上，更应该以此作为自己人生的座右铭，时刻以这句话来激励自己，在以后的人生中可以更好地茁长。

13. 学会自我调节情绪

只有管理好自己的情绪，寻找情绪变化的"阀门"，才能更好的挑战生活！

呵护心灵的翅膀，做一个快乐的青少年。拨开心头的雾霭，做自己心情的主人。虽有聪明的头脑，却不懂得控制情绪，你将会是一个危险的人。

青少年在成长过程中，缺少的是健康的心理品质与良好的控制情绪的能力，拥有了管理自己情绪的能力，也就随之拥有了打开成功大门的钥匙。

人最基本的情绪就是喜、怒、哀、惧，这些情绪的表现对每个人的认识、意志和个性都有非常重要的影响。所以，好的情绪可以使人乐观向上、处事果断，而且还具有丰富的创造性和灵感。

然而，那些不良的情绪就会使人们产生疲劳和烦闷，对身心健康的成长极不利。所以，青少年要学会自我调节情绪，让自己快乐度过每一天。

情绪原本是自身对客观事物的一种体验和态度。在日常生活中，有些青少年朋友就整天休闲自得、快快乐乐，从不知道愁是什么滋味；而有的青少年则经常无精打采，心生自卑总是看不起自己。因此，内心感到孤独和压抑，不愿与别人交往，整天把自己封闭起来。

事实上，这些不良的情绪严重地影响了青少年的日常生活和学习，使他们的能力不能得到全面的发展。如果，作为青少年的你，要想维护自己正常的生理和心理的健康，就必须学会自我调节情绪的方法和技巧。

情绪，需要理智的调节

众所周知，青少年正处于生理迅速发展的重要时期，而其心理发展相对滞后，这种身心发展的不平衡是产生各种心理冲突的根源，而这些冲突又往往是青少年情绪问题产生的主要原因之一。

心理学研究也表明：任何情绪的产生主要取决于外部环境、自身的生理变化及其自身对事物的认知状况。由于处于青少年时期的心理还不够成熟，当他们面临一些冲击时，不可避免地会产生某些不良的情绪，如紧张、焦虑、抑郁等。这些不良情绪对人的身心伤害很大，青少年应该认识消极情绪，消除不良情绪，这将有助于自己的健康成长。

一个老婆婆，她有两个女儿，大女儿是卖伞的，另一个女儿开了一个染坊。老婆婆下雨天担心开染坊的女儿所卖的布会晒不干，晴天时又怕卖雨伞的女儿没有生意。就这样，她日复一日，年复一年的发愁，哭泣，把眼睛都哭瞎了。

有一天，来了一位智者，他对老婆婆说：你为何不换位思考一下呢？下雨天时，你卖雨伞的女儿生意一定很好；晴天时，你染布的女儿生意应该不错，你的女儿天天都有发财的机会，你应该天天高兴才对呀！老人家豁然开朗，精神也慢慢地好了起来，从此，再也不为她的两个女儿发愁了。

这个故事告诉我们，不论是自己的情绪又或者是自己的情感，都是可以把握和控制的。只要广大的青少年朋友在日常的生活当中，注意走出一种固有的思维模式，站到另外一个比较乐观的高度来看待所发生的问题。那么，就一定可以保持良好的情绪，并改善不良的情绪，拥有积极向上的人生观。

青少年正处于青春期，情绪更是丰富多彩，由于往往不懂得如何运用和操控情绪，总是使好情绪离自己远去，坏情绪却如洪水般如影随形。时间一长，生活和学习势必会受到不良的影响，对身体也没有半点好处。所以，情绪需要疏导，需要用理智对其进行调节。

学会自我调节情绪

有关心理学家说：正常的情绪反应有助于提高青少年的行为适应能力，同时还具有保健功能，反倒是那些不良的情绪反应会妨碍青少年的身心健康，并导致不良反应。青少年对自己的情绪进行自我调节，以保持良好的心情和情绪状态是很有必要的。

从这个角度来讲，青少年必须正确的认识消极情绪对健康带来的危害，然后，找一些适合自己的方法克服消极情绪，并提高自身的情绪调控能力，以一个乐观的心态面对学习和生活中遇到的各种挫折，让快乐的阳光笼罩心灵。那么青少年应如何调节自己的情绪呢？

(1) 学会自我控制。自我控制是青少年在成长过程中最重要的个性品质，是衡量自身心理成熟的重要标志。所以说，青少年一定要有坚强的意志，才能很好的控制自己情绪，并且能够克服自己不良情绪的影响。然而，自身情绪的波动直接影响着你对周围环境关系的洞察，这一点是对自身适应能力的评价，也是对自身弱点的关注。

因此，青少年在平时要注意培养自己的克制力，根据自身的实际情况采取一些切实可行的方法来克制自己的情绪，并积极地采取措施进行适当的疏导，根据自身的情况去适应生存的环境。

(2) 要不断地改变自我。青少年时期的你，有着许多憧憬、美好的愿望。在你的面前，有着许多增长自身能力的机会。可是，你除了能够享受稳定、幸福的生活之外，还会总觉得郁闷、无趣、无精打采，在这种情况下，如果你能主动适当的对稳定的生活做些小的变动，就会有意想不到的新鲜感。例如：把你的卧室稍微调整一下，挂一些你比较喜欢的装饰画，或者到外面交个新朋友，换一新的爱好，你就会有与众不同的感觉。

(3) 享受生活中的乐趣。一般健康的兴趣会给人带来快乐，有关专家表明：人一般在无聊的时候最容易感到烦恼和不快乐了，而那些忙碌的人往往是生活得充实而快乐。所以，有兴趣爱好的青少年，在吸取知识的同时也满足了自己好奇心和求知欲望。

有些青少年爱钻研难题，因为他们一旦征服了困难在心中就会产生满足感；而有些青少年爱看课外读物，如书刊、杂志青年文摘等，这些广泛的阅读使他们获得广博的知识，为此他们得到了老师和同学们的赞赏和尊重。对于青少年时期的朋友来说，发展一些自己喜欢的兴趣，能使自己获取更多知识，在生活中过得更充实快乐。

（4）神奇的音乐魅力。音乐是生活中的一门艺术，是一种另类的情绪情感的表现方式，那些不同曲调和节奏可以使人们产生不同的情绪体验，在抒情优美的音乐中，会觉得精神振奋，情绪饱满，信心倍增。因此，音乐治疗情绪法应该也是青少年朋友中最受欢迎的，因为它具有良好的情绪调节功能。

（5）学会自我欣赏和安慰。没有一种惩罚比自我责备、自我懊悔更为痛苦。青少年要知道在这个世界上没有十全十美的人，但是，每个人都有特长和优点，对于往事耿耿于怀是毫无意义的，因为任何人都没有能力改变过去，重要的是吸取失败的教训，有句话说的好：如果你已经错过太阳，就不要再错过星星。如果你遇到了困难和挫折，那么，你不要灰心丧气，你应该欣赏自己的能力。或许你的各方面都并不出众，但是，你的善良、勤奋和认真会让你在心理上找到平衡。你完全有理由欣赏一下生活中真实的你，而且，你会从中找到快乐和满足。

（6）青少年要学会保持幽默的态度。即使是在不利的环境中也依然要保持快乐的心境。因为它是给极度恶劣的情绪产生一个缓冲的过程。幽默是智慧和乐观精神的结晶，它不仅可以使人快乐，还会使人发笑，更重要的是可以驱散心中的积郁，让人以平和的心态来面对生活。

广大的青少年朋友一定要培养自己的幽默感，这样就会拥有更多的智慧，从而摆脱不良情绪所带来的尴尬、愤怒和烦恼。

14. 控制急躁冲动情绪

在生理学上，冲动是指神经受到刺激后产生的兴奋反应。在我们的日常生活中，冲动是最无力的情绪，也是最具破坏性的情绪。

只不过，冲动它也是来源于自我保护的一种心理补偿。也就是说冲动原本是一种理性弱于情绪的心理现象。

处于青春期的情绪特征是以冲动和暴发为主的，这就叫做边界性格紊乱的心理疾病。在现实生活中，青少年常常会遇到很多不称心的事情。例如：学习时受到外界干扰，珍爱的物品被别人损坏或自尊心受到伤害等，这些都容易使其发火。

有些青少年与人相处时往往因为一言不合就火冒三丈。在情绪冲动时做出使自己后悔不已的事情来。所以，经常发火对人对己都是不利的。这个时候，青少年应该采取一些积极有效的措施来控制自己冲动的情绪。

冲动会酿成大错

有关专家说“冲动的行为对于青少年来说总是有特殊的意义”，青少年时期迈向成熟的过渡时期，情绪和感情也都呈现出一种极不稳定的状态。

有些青年学生不善于控制情绪，因此而深受其害。比如，有时因不值得一提的小事而极度悲伤或大发脾气，有时因为成绩不理想而沮丧。还有的青少年常常被悲观、忧郁、孤独、紧张等不良情绪所困扰，导致对学习缺乏主动性和自觉性，甚至有的青少年因为成绩不好或学习压力重，就跳楼自杀。由此可见，自身的情绪控制非常重要。

珠海市某中学初二学生小可，今年 *16* 岁，他在家中是独生子，长这么大以来他一直是家长眼中的乖孩子。最近，小可突然发现自己变得脾气暴躁起来，有时因冲动还与其他同学吵架，事后仔细想想都是鸡毛蒜皮的小事，根本就不必要小题大做。在家里他也经常与父母怄气，有时父母批评他几句，他就暴跳如雷、大动肝火，把父母气得直跺脚，但是也无可奈何。小可为自己的脾气感到很苦恼，他知道自己不对，可是事情一旦发生了，他又控制不住自己的情绪，过后又十分后悔。

有一天，同桌借了小可的一支钢笔，但是因不小心把笔弄坏了，小可很生气，虽然同桌诚恳地向他道歉了，但是小可还是当众把同桌骂了一顿，这一举动严重影响了他们之间的友谊，而且，小可的形象在其他同学眼中也大受损伤。小可为此事内疚了好久，他真的搞不懂自己现在怎么那么的冲动。

上面例中的小可就是因为情绪冲动，一而再再而三地犯错，最终造成犯下不可弥补的过错。

实践证明，调节自己的情绪最好的办法是先把你认为恼火的事搁在一边。等你冷静下来后，再去处理它们。其实，一个人的情商高低，是体现在自身情绪控制的成败上。发脾气是值得赞扬的，如果你能把握住在适当的场合理智地发脾气，那也是非常明智的做法。因此，控制情绪不只是简单的抑制，而是在自我教育、自我评价和自我调节中进取的。

控制冲动，做情感的主人

每个人在一生中都会产生情感冲动，如遇到成功时感到欣喜若狂，遇到打击时过于颓废和哀伤，对待不满的暴躁和愤怒，对待失败时的焦躁不安，这些都是一些情感冲动心理。当然也有些冲动是有益的，比如对敌的勇敢等。但大多数情况下对人是不利的，它是一个人修养薄弱、情感脆弱的表现。

由于冲动是人类进行心理改造的最基本对象。所以，对于爱冲动的青少年，你就必须学会采取一些积极有效的方法来控制自己冲动的情绪。从而，让自己的性格趋向完美，做一个处处受人欢迎的人。

首先，你需要理智地控制自己的情绪。这从表面上来看，似乎是对自己的自由约束，其实，这种约束却能使你获得更多的自由。青少年在遇到强烈的情绪刺激时，要强迫自己冷静下来，并快速分析事情的前因后果，然后，采取消除冲动情绪的“缓兵之计”，用理智战胜情绪上的困扰，正确评价自己，这不仅看到了自己的优势，也看到了自己的不足，进而使自己远离冲动、鲁莽的局面。

其次，一定要让自己冷静下来。在遇到冲突和不顺心的事时，最好不要去逃避问题，要学会掌握一些处理矛盾的方法。你可以考虑一下事情的前因后果，弄明白发生冲突的原因，双方分歧的关键在哪，然后，进行冷静的分析并找出一个切实可行的方法。例如：当你被别人无聊地讽刺或嘲笑时，如果你顿显暴怒，反唇相讥，就会引起双方的强烈争执，最终可能会出现于事无补的后果。此时，如果你冷静下来，采取一些有效的对策，如用沉默来抵挡抗议或者指责对方无聊，这样就会有效地抵御或避免冲动的情绪发生。

然后，你可以再用一些暗示、转移注意力方法。如果你遇到使自己生气的事情，一般都是触动了自己的自尊和利益，此时是很难冷静下来的。

所以，如果你发现自己的情绪非常激动、难以控制时，可以采取暗示或转移注意力的方法来做自我放松，并鼓励自己克制冲动的情绪。坚信冲动并不能解决问题，要锻炼自制力，学会用转移注意力或暗示的方法来处理问题。

另外，你还可以注意培养自己的沟通能力。在你不生气的时候，去和那些经常受你气的人谈谈心。听听彼此间最容易使对方发怒的事情，然后，想一个好的沟通方式，注意控制自己的情绪不让自己生气。你可以出去散散步来缓和自己的情绪，这样保持一个平衡的心态你就不会继续用毫无意义的怒气来虐待自己了。

最后，就是你可以多参加户外运动。心理学家研究表明，运动是有效解决愤怒的方法，特别是户外活动。青少年时期正是年轻力壮的时候，要主动参加一些消耗体力的户外运动，例如：登山、游泳、跑步或拳击等，使那些不良的情绪得以宣泄。如果你觉得自己的情绪无法控制时，可以主动做一些户外运动，让冲动的情绪随着运动一起消失。

15. 罗马不是一天建成的

人们常说“心急吃不了热豆腐”，“善有善报恶有恶报，不是不报时候未到”，任何事情都是有一定时间限制的。

很多时候，人们做事情都有些操之过急，自己做出一些好事或者付出一点，就渴望马上得到回报，一旦不能如愿，便会有所抱怨，有所怀疑，甚至会失去坚持下去的动力，这样的心态永远都不会得到回报。

人们常说：做事若急于求成，就会像饥饿的人乍看到食物，狼吞虎咽的吞食，反而会引起消化不良。做事迅速的人，并不是事事贪多图快的人，而是办事富于成效的人。赛跑中率先抵达终点的人，并非因为步子迈得大、脚步跨得高，而是身体的协调使他最后一刻冲到对手的前面。因此，事业不能以耗时长短来论英雄。

欲速则不达

一位智者曾说过：“慢些，我们就会更快。”没错，有人为了显示效率，凡事草草了事，结果往往得不偿失，使得一件本需一次完成的事情，要回头重复多次。

当然，在这里，我们说万事不可急于求成，也不是就不用追求速度了。时间与事业的关系，正如金钱与商品的关系一样：做事越费时，卖东西时越需要高价。据说古代的斯巴达人和西班牙人办事一向迟缓，不是有一句谚语这么说吗：我要采用西班牙式的死法，因为那样的死亡来得特别慢。

在一段日子中，杰克感觉自己的生活出了些问题。工作很长一段时间了，可是却得不到老板的赏识，更别提加薪了。生活上也还是老样子，一点儿意外的惊喜都没有。他常常幻想哪一天幸运能突然降临——买彩票中了大奖或者某位遥远国度的富贵亲友急急招他去认亲。有了这种幻想，他的工作更是没精打采，经常出错误。

他的朋友建议他去看一下心理医生，杰克答应了。心理医生的诊所是一间独立的两层小楼，诊室开在一楼。杰克进了诊室，看到心理医生诊室的一侧就有直通楼上的圆弧形楼梯，楼梯十分精致，可圆弧似乎多了一点，与普通简洁便利的楼梯有着一定差别。杰克盯着那可疑的楼梯，好奇地问医生："楼上是什么？你怎么不把诊所开在二楼？"心理医生平静地说："要是你想知道，你可以上去看一看。"于是杰克沿着那个楼梯走了上去，那上面不过是一个普通的阁楼，采光很好，有明亮的阳光照进来。杰克失望地下了楼。

"楼上怎么样？"心理医生问。

"很好，地方宽敞，又明亮。"

"那你是怎么上到二楼的？"心理医生又问。

"走上去的啊！"杰克感觉医生问得莫名其妙。

"怎么走上去的？"心理医生不动声色地继续问。

"沿楼梯一步一步走上去的。"杰克被问得有些不耐烦了。

"是啊，上到二层是要沿楼梯一步步走上去。尽管那楼梯有些陡，但只要一个台阶一个台阶地往上走，终于还是会走上去的。而我们现实中的生活呢？不也是要一个台阶一个台阶走吗？"

“欲速则不达”被这位医生说得多么精彩。等待是人生的一门必修课，再期待风景的游客也必须经历漫长的旅程。人的成功之路就好像一条漫长的旅游线路。终点是你期待已久的风景，恨不得插上翅膀飞到目的地。

可是，在出发前，你总是要做充分的准备。这就是你的努力了，最实用的地图、简便的帐篷、合脚耐磨的运动鞋、救急用的药品、食物饮水，这些必需品，你是否都装进了背包。而等你装束齐备，坐上了旅游专线车，你无暇欣赏路边的风景，心中仍被对目的地的期待塞得满满的，但这路上的时间你仍要耐心地等待。就是心急如焚，难以按捺自己的兴奋，甚至要唱起来，也仍要等待……

对于广大的青少年朋友来说，要想自己将来能够成就一番大事业，那么，你需要明白的是急于求成是不会有结果的，只有有耐心的人才会赢得成功与未来。

罗马不是一天建成的

有人说过，世界上只存在着两种人，这两种人只需用一个简单的实验就可以区分开来。假设给他们同样的一碗小麦，一种人会首先留下一部分用于播种，然后再考虑其他问题；而另一种人则不管三七二十一把小麦全部磨成面，做成馒头吃掉。

现实生活中的每个人，都渴望做一个成功的人、优秀的人，只不过在馒头的引诱下，我们失去了忍耐的性子。成功是要讲究储备的，仓库里的东西越充足，成功的机会就越大，也才可能走得更远。

成功的路是那样的遥远与艰辛，路边倒毙的每一具尸体都曾是一个在起点上充满信心、跃跃欲试、生龙活虎的年轻人，对这路的尽头有无限的憧憬。口袋里的馒头固然可以令他们在启程以后跑得飞快，不过吃了眼前的，恐怕就没法指望下一顿了。馒头中的卡路里终究有一天会消耗殆尽，没有播种我们就没有支持，没有粮食的保证，我们就会早早地失去生机，过早地凋谢。

生活中，在遇到挫折与困难时，我们常常犯这样的错误，只想急急地战胜挫折，却忘记了提醒自己的存在。双眼专注于一个“快”字上，心智也便被蒙蔽了。腾不出眼睛看看自己，不再问自己：“我走的方向是正确的吗？路上可有崎岖颠簸？准备充足了吗？可有足够的粮草让我抵达终点？走至中途休息时，可有办法补给？有没有更快捷便利的路……”忘掉了这些，结果往往是更加辛苦，到达的时间也会更晚。

这也就是在提醒人们：万事不可急于求成。只为了速度，匆匆忙忙，没有仔细考虑就做决定，往往还会横生枝节，便出“昏招”。如果一心求快，你就只能翻车。

人生的道路更像一场马拉松赛跑而不是百米冲刺，前 *100* 米领先者不一定就能成为全程的优秀者，甚至都不可能跑完全程。在这遥远的征途上，基础的积累将会起到决定性的作用。如果你自觉“先天不足”而又已然踏上征程，那就更要格外注意随时给自己补充营养。

16. 柳暗花明，走出抑郁

抑郁是主体的需要未能满足又觉得无力改变现状、无力应付外界压力而产生的一种消极情绪，常伴有厌恶、痛苦、羞愧、自卑等情绪体验。

对大多数人来说，抑郁只是偶尔出现，为时短暂，时过境迁，很快会消失。但也有少数人长期处于抑郁状态，甚至导致抑郁症。性格内向孤僻、多疑多虑、不爱交际、生活中遭遇意外的挫折、长期努力得不到报偿的人更容易陷入抑郁状态。

抑郁指的是什么呢？就是那些长时间心情低落状态的青少年朋友，你多半是因为焦虑、身体不舒服和睡眠不足等障碍造成的。可是，你需要留意，这种现象具有较强的隐蔽性。这是最常见，同时也是最不容易识别的心理障碍。

抑郁是你的一块“心病”

随着社会竞争的日益激烈，正处在不断学习阶段的青少年除了要承受学习的压力之外，还要承受来自社会方方面面的压力。心理学家在研究中发现，青少年患抑郁症的人数正以 *8% ~10%* 的速度递增。

这是很可怕的，作为青少年的你，原本应该以学习为主的，可现在，抑郁成了你不请自来的“心病”。你现在需要注意了，因为抑郁是以抑郁情绪为核心，并伴有相应的思维变化的一种不愉快的心境体验。它可能影响着你的学习和生活。那么，它渐渐就成了你的一种心理障碍。

小申有点内向，总觉得自己什么都不行，事情做不好，是别人的麻烦，还老是觉得自己很笨，书读得不好，觉得自己对不起父母。对于自己喜欢的人呢，也不能对其表达，认为自己是全世界最没有用的人。

更为严重的是，他还会经常因为一句话一点小事就想到很多不开心，没有信心，自卑感太严重，觉得别人不关心他，甚至有了自杀的想法，并且已经下决心如果在一个已定时间内没做到自己想要达到的目标就死。

从上面这则小事例中，我们可以看出，小申就是一个非常典型的抑郁心理患者，这种抑郁的心理已经影响到了他的正学生活和学习。其实，这种抑郁心理绝对不是可取的。不仅有害自己的身心健康，更有可能影响到周围其他的人。

据调查研究显示：青少年的患病率直线上升，其中有1/5的青少年都有情绪障碍，大多都是以抑郁为主。有关资料明确显示，青少年时期的抑郁患病率是0.4%～8.3%，而且男女生之间的比例为1：2。其发病率的原因是与遗传因素、青春期的生理变化、认知能力及社会文化因素有关。

克服抑郁，磨练自我

情绪抑郁的主要表现是：情绪低落，思维迟缓，郁郁寡欢，闷闷不乐，兴趣丧失，缺乏活力，反应迟钝，干什么都打不起精神，不愿参加社交，故意回避熟人，对生活缺乏信心，体验不到生活的快乐，并伴有食欲减退、失眠等。可见，抑郁心理严重地影响了青少年的健康成长。抑郁成了广大青少年朋友心里的一块心病，那么心病自然还需心药医。

首先，你要学会正确地发泄。有抑郁心理的青少年朋友，你完全可以把心中不愉快的事向父母或知心朋友诉说，不要把它存放在心理，这对你身心健康是极不利的。如果你的内心非常的难受而身边又没有诉说时，可以把自己关在房间里大哭一场或记日记等。这些都有助于你消除抑郁心理。

多结交朋友。心理学家指出，经常和朋友保持联系的人，他的精神状态远比喜欢孤僻的人好得多，因为一个人生活如果在集体中，就感到集体的力量，这样不仅可以增强自信心，还能减轻精神上的抑郁。

保持友善的心态，学会自我安慰。拥有一个快乐的心态能使人的神经系统的兴奋水平到达最佳状态。所以，有抑郁心理的青少年在遇到不愉快的事，要多往好的方面想想，用一个乐观的心态去面对一切，保持豁达、乐观的情怀。不要好高骛远，勇敢地面对现实。

积极参加运动。体育活动能够使生活丰富多彩，以清除心理紧张，陶冶情操，开阔心胸。所以，有抑郁心理的青少年每天应适当地做些力所能及的运动，比如慢跑、散步、踢毽、体操等，这些都有助于你排解阴霾的心情。所以，适当的体育运动不仅有助于青少年的身体健康，而且还会使情绪乐观、稳定。

理智的控制自己的情绪。有抑郁心理的青少年要学会容忍和包容，并磨练自己坚强的意志力。因此，你可以通过自己的意志力来消除心中不愉快的情绪，并保持一个乐观向上的积极情绪。改变认知，完善自身的人格，增强面对困难和挫折的能力与自信。只有这样，才能达到根治的目的。

17. 塞翁失马，焉知非福

青少年时期是成长过程中不论是身体还是心理上变化最大的时期，在这个成长的过程中，无一例外地会遇到很多困惑和烦恼。比如说悲观心理。

心理学上，悲观是对自己的言行感到不满而产生的一种不安情绪，也就是心理上的自我指责，觉得没有一丝的安全感及对害怕面对现实等多种心理形成的混合物。

悲观的人，往往会先把自己打败，然后又被生活打败。像这种悲观心理在青少年时期相当普遍。特别是在初一、高一年级的学生这种情况最为明显。

也可以这样说，青少年时期是人的生理和情感及对社会的认知变化最大的时期，在这个过程中，青少年面临各种各样的环境和变化，从心理上将会有很大的转变。所以，当人来到一个新的环境中时，你就会条件反射似的不愿意面对新的生活和环境，造成对这个社会适应不良，这种消极心理就会使孩子陷入悲观和压抑。

是悲观让你败给了自己

对于广大的青少年朋友来说，在正常的交往过程当中，都会有取悦他人的倾向，因此，就会经常承受不住属于他自己的过错。当遇到和别人意见不同时，你就渐渐形成一种胆小怕事、怯懦、退缩、忍让等不良的习惯。这个时候，你心里则会承受相当大的痛苦和压力。其实，这些都和你内心的悲观心态有关。

青少年朋友们，你们首先要明白，人的一生总是会经历些不如意的事，有时自己的行为表现也并非令人满意，也可能会导致自我批评和害怕等情绪。悲观的青少年也未必要整天沉湎于这些感受之中。要经常鼓励自己积极向上，经受多种磨难，做一个乐观向上、朝气蓬勃年轻人。

在印第安有一群村民被白人追杀，当时的处境非常危险。村长把村民们集中在一起，说：“我有件事很重要的事情告诉大家!”在场的所有人都神色惶恐地听着。

村长说：“这不是一个好消息，我们现在除了水和牛饲料以外，没有其他可以吃的东西了。”全场死一般的寂静，所有的人脸色都变得刷白。

突然，村长又神情木然的说：“还有一个好消息要告诉大家。”

“真的?”这下全场一片欢呼，每个人都觉得生存的希望之火又点燃了。

村长笑着说：“那就是，我们还存有很多的水和牛饲料。”

后来，这村子里的所有人都顽强地生存下来。

这个故事告诉广大的青少年朋友，在厄运面前绝不绝望的人，最终是不会被生活打垮的人；也就是说，人生的好多次失败，最后并不是败给了谁而是败给了悲观的自己。

作为青少年，你要明白，人生是美好的，不要总是用一种过于悲观的态度去对待周围所发生的事情。有一句话说得好：“快乐像感冒，传染的很快”。那么，你就应该把你乐观的心态传给周围的每一个人。

消除悲观，迎接美好明天

悲观是人生观理论中的一种形式，悲观主义代表叔本华说：“人生如同上好的弦，盲目地走只是听命于生存意志的摆布，那么，追求人生的目标和价值就毫无意义了”。

由于每一个人都有意志，也都有自己的追求和渴望。那么，欲望得不到满足，就会产生悲观失望的心理。尤其是青少年在自信不足时，悲观的心理就会大大增加，这也是产生悲观的主要因素，同时它还会在行动上带来阻碍，使你对未来产生犹豫不定。

青少年朋友们，你们如果想要一迎接一个美好的明天，那么，就请你拿出一个大大的笑脸来对待生活中的失望，并以一种积极的态度对消除悲观。就像乐观人所说的那样：困难有两种方法可以解决，一是乐观的打败困难，二是乐观的被困难打败。

乐观是心胸豁达的表现，是人际交往的基础。要和乐观的人做朋友，在和他们交往的过程中，学习他们看待事物的态度和思考模式，根据实际情况不断的改变自己的认知和心态。而且，和乐观的人在一起容易感受到更多快乐，可以有助于你从悲观的情绪中尽快走出来。

投入到大自然的怀抱。了解自己的心态，多到公园走走，旅游等，让自己全身心的投入到大自然的怀抱中。利用外界的景物赶走心中的不愉快，让大自然的宁静给你带来轻松的好心情。

转移自己的注意力。如果你悲观的情绪难以自拔时，可以暂时转移注意力，听一些轻松的曲子，让音乐的旋律溶解你内心的不良情绪，也可以跑步进入另一种状态。

18. 用快乐的心情战胜焦虑

21 世纪，这不仅是一个躁动不安的时代，随着个人的压力不断增大，它更是一个充满焦虑的时代。与其随波逐流的被焦虑心理给掌握，还倒不如有意识地培养一些让你快乐的习惯，随时帮助自己调整心情。作为青少年，你一定要学会用快乐的心情战胜焦虑。

没错，这就是一个焦虑的时代，所有的人都迫不及待……快乐也许只是一种生活态度，一种生活习惯。心理学博士凯伦·撒尔玛索恩女士说："我们的生活有太多不确定的因素，你随时可能会被突如其来的变化扰乱心情。"

逃出焦虑泥潭

根据美国一家调查机构在全世界 22 个国家调查人们的快乐水平，结果显示：美国人的快乐水平最高，有 46% 的美国人对自己的生活感到快乐，其次是印度，37% 的印度人乐呵呵地生活着，而中国人的快乐水平最低，位列榜尾，只有 9% 的中国人觉得自己活得快乐。

这是为什么呢？这主要是由于不快乐的人不知道如何去寻找快乐，发现快乐。泰来神父说过：人要怎样才会活得快乐呢？最主要的就是要去做让自己喜欢做的事情，让快乐主导你自己的情绪。青少年可别忘记，快乐的心情也需要你自己来做主。

小华是某一实验中学初三的学生。她平时的学习态度很认真，基础扎实，也很得老师们的赞赏。可是心理素质却欠佳，每一次一到考试的时候，她就会感觉自己的心如擂鼓一般，焦虑不已。

根据她的老师反映：“她平时的作业很不错，但一到了考试，成绩却总是徘徊在基本及格的60分左右。她自己也说，看到试卷脑袋发蒙，生怕考不好。”

另外，上体育课的时候，练习跳远，在她之前一个同学没跳好，摔了一跤。结果她就非常焦虑，心里也很紧张，结果到她跳的时候，果然也摔倒了。

所以，她的表现很明显，就是焦虑症。

青少年一旦处理不好自己的情绪，结果是很麻烦的，不仅任何事情都做不好，最重要的是对自己的心理方面的打击很大，总是失败，让自己对生活，对人生的态度都有所改变。就像事例中的小华，如果她以后还不懂得调控自己的情绪，战胜焦虑。那么，对她以后人生的负面影响则是深远的。

用快乐的心情战胜焦虑

随着社会的进步，高科技突飞猛进的发展，人们的生活节奏日趋加快，社会竞争越来越激烈。优者生存，劣者淘汰使得人们面对不断变迁的事物时常出现不知所措的焦虑心理。这是社会文明的必然产物，但又是适应社会和环境不得不克服的心理状态。下面，我们来介绍几种用快乐的心情来战胜焦虑的方法：

第一种，就是保持情绪稳定。对突如其来的事物和一些和自己关系重大的事情，青少年朋友在开始面临它们时，生理上会发生急剧变化，心跳加快，呼吸急促，两手发抖，手心冒汗，这是由于过分焦虑和恐惧引起的。

这种心理主要是由于过度紧张，使脑神经活动的兴奋与抑制丧失平衡，从而出现难以控制的心慌、不安、紧张，使思维处于抑制状态。其实，适度的紧张对人是有一定益处的，它可以进一步调动人体的各种机能，使思维更加活泼，产生一种增力作用。

第二种，学会在水边散步。有研究指出，因为在婴儿时期便置身于羊水，因此人与生俱来就是亲水的。在水边散步，能有效地帮助人放松身心，即使烦恼再多，在有绿树有流水的环境中，你也能暂时抛开一切，为自己“偷”得片刻悠闲。

第三种，正确估计自己，树立自信心。在日常学习和生活中，青少年朋友应该多考虑我要怎么做，要如何进取。在各种社交场合，应顺其自然地表现自己，不要总考虑别人怎么看待我，我要怎么迎合别人。

第四种，保持良好的精神状态和身体状态。精神要尽量放松，对面临事物有恐惧感的人往往吃不下，睡不着，惶惶不可终日，对其身心健康危害极大，为防止这种现象的发生，应该在思想上不过分夸大事物与个人前途得失的关系。另外，要保持良好的身体状况，不要过分疲劳，大脑过度劳累会造成头昏耳鸣，兴奋与抑制过程失调，神经活动机能减退，加剧心理紧张程度。

第五种，正确看待自己。青少年应该学会比较客观地认识自己和评价自己的能力，把握好自己的方位和坐标，看准机遇，发挥自己的作用，并不断在快节奏中提高自己的心理承受能力，在各种事件中基本保持心理平衡。尤其是在学习中不要过分注意自己的弱点，多想自己的长处。

19. 从暗恋的苦恼中解脱

谈恋爱的滋味是美好的，许多的学生都是处在青春期的过程中，但是谁能没有青春发育时的心理呢？但是一些学生因为个人的许多原因，而不喜欢把自己的思想付诸于行动上，而是心里面偷偷地开出了爱情的萌芽花朵，这种现象是屡见不止的，如何让自己从暗恋的苦恼中解脱出来，就成为了广大青少年都比较关注的话题。

青春期的少男少女相互喜欢是非常正常的心理成长过程。与异性的正常交往，是心理健康发展的需要，对于激发美好生活的追求，鼓舞奋进的理想，具有不可替代的作用。

只不过，由于青少年对于世界观尚未形成，对人生、对社会、对世界的看法还较幼稚、片面，个人的思想道德品质在今后的人生道路上还会有很大的变化，今天可能一致，明天就可能有分歧。在这个动荡不安的时期里，青少年对异性的恋爱往往带有朦胧、脆弱、不稳定的特点。

心理发育还不够成熟

随着年龄的增长，越来越多的青少年心理上有了些变化，开始变得不爱说话，没有小时候那么活泼，也没有很多的爱好了，表现的更多的就是自己一个人，喜欢安静，不爱跟太多的陌生人接触，而且思想上也是表现得很散漫。这都是青春期个人的心理上的变化。甚至是有些学生，心中有了自己喜欢的男生或是女生，他（她）也不敢去表露，就默默地喜欢着，不愿自己去打破那层朦胧的对异性的美。这也许就是最初的单恋吧。

人一辈子，哪没有一个自己喜欢的人呢？但是有些学生就是喜欢偷偷地喜欢，其实这种做法也是不正确的。要学会真正的看待感情这个问题，不要去单相思了。要知道，单恋也是没有任何意义的，甚至是没有一个很好的结果的。

以前，有个男孩子，他总是喜欢去学校的大阳台上去坐着，每次一到放学，他的心情都是难以平静的，他都每天准时地跑到学校的阳台上去，因为在阳台上他可以看到自己喜欢的女生，他每次只要是一看到她，心里有再不高兴的事情，都化为虚有了。

刚开始，他还是一如既往的等到放学去看那个女孩，但是过了很久，那个女孩子都没有出现在校园里了。他顿时感到很失落，后来，他每次上课时，脑子里全是那个女孩，最后，他的成绩一直下降，退学了。

透过这个事例，可以看出这个男孩的心理现在就属于暗恋心理。因为自己很喜欢那个女生，但是那个女生后来不知道因为什么原因，再也没有出现了，他就心情很糟糕，最后影响到了他的学习，结果是感情越来越失败。

可见，暗恋也是一种错误的心理。青少年在上学时期，应该了解什么是暗恋，清楚地明白自己到底是在做什么事情，对没有结果的感情应该少投入点，或是不要去投入。那样，对自己的成长也是十分有益的。

找一个属于自己的世界

暗恋是一种世界性的社会现象，青少年男女的暗恋与他们的身心特点及环境影响有关。其主要表现为以下几个方面：

暗恋是青少年学生对性的好奇与探索的心理。随着年龄的增长，在性成熟的生理作用下，青少年们对性产生了强烈的好奇心理，致使他们有一种蠢蠢欲动的探索和尝试的欲望，他们在情感与理智之间，容易选择前者。特别是中学生，他们对异性特别敏感，一旦意识到相互之间的爱慕之情，往往克制不住情感的冲动，迅速进入盲目的热恋之中。一旦遇到挫折，往往一时承受不住，急性发作，甚至酿出悲剧。

暗恋与暗示心理有关。这一时期的青少年们最容易受暗示，“心理暗示”对于他们认识世界，评价自我的情感、行为都有着巨大的“磁化”作用。青少年学生喜欢独立但又必须依赖他人，渴望成熟但又难逃幼稚，这一充满矛盾、充满困惑的时期使他们自己也难以做出抉择。这样同龄人之间的相互影响、相互暗示，对恋爱具有推波助澜的作用，尤其是女生，则更容易受同伴的暗示或影响。

暗恋与社会环境有关。青少年虽然绝大多数在学校接受教育，但同时又是社会的一员。现代社会中，各种各样的与性有关的内容很多。青少年学生的心理发育还未成熟，他们不具有自我判断、自我选择的能力，因此经不起各种诱惑。还有社会上恋爱婚姻的悲欢离合，无时不在影响着青少年，无时不在牵动着他们的心。

暗恋与枯燥的课余生活有关。课余文化活动的单调和缺乏，对“暗恋”的出现，在客观上到了激发作用。中学生的学习生活比较紧张，而课余文化生活又匮乏，他们感到紧张、单调、枯燥、压抑、厌倦。正是由于这种紧张、单调的生活，使得他们的发泄和归属感更为强烈。他们渴望着一种丰富多彩的生活，于是他们把恋爱看成是为生活增添色调的手段，在学习之余，就用恋爱来打发那些无聊的时光。

暗恋已经是一种不可忽视的社会普遍现象，我们不提倡，但也不应排斥、压抑。它是自然的产物。要正确认识和对待青少年“暗恋”。因为，暗恋并不可怕，它不是洪水猛兽，它是人成长的自然过程。

如果恋爱了，要掌握好友情和爱情的区别。爱情是神圣的，是很现实的，不是说句“我爱你”就开始恋爱了，更不是天天卿卿我我就是爱情。

第三章

学生的健康心理培养

1. 人生，需要有个目标

灵魂如果没有确定的目标，它就会丧失自己。

奥格·曼狄诺说：“一颗种子可以孕育出一大片森林。”阿基米德说：“给我一个支点，我可以撬起整个地球。”

其实，杰出人士与平庸之辈的根本差别并不是天赋、机遇，而在于是否有目标。因为，成功是用目标的阶梯搭就的。在心灵的旅途中，如果你不清楚自己的方向，你的步伐就会很小，甚至是裹足不前。很多人每天过着千篇一律的生活，可从来不问自己：“我这一生要干什么？”因为他们缺少目标，缺少方向。

一位名人说过，你必须首先确定自己想干什么，然后才能达到自己确定的目标。所以只有目标才会使你胸怀远大的抱负，才会使你在失败时赋予你再去尝试的勇气，也只有目标才会使理想中的你与现实中的你相统一。

目标会使你在心灵的旅程当中，让自己怀有远大的抱负；目标在你失败时会赋予你再去尝试的勇气；目标会使你不断向前奋进；目标会给你前途；目标会使你避免倒退，不再为过去担忧；目标会使理想中的“我”与现实中的“我”统一。当别人问你“你是谁”时，你可以回答：“我是能完成自己目标的人”。

缺乏目标，人生将暗淡无光

一个人无论做什么事情，首先一定要先有自己的目标才对。而目标就是自己心灵的觉醒，只要你有足够的勇气和明确的目标，就可以成为全世界最有影响力的人。

成功者与平庸者的区别在于：成功者始终有一个明确的目标、

清晰的方向，并且自信心十足，一往直前地走向前方；而平庸者却是终日浑浑噩噩、优柔寡断，迈不开决定性的一步。让我们来看一个小故事，或许你能从中得到一些帮助，找到属于自己的人生目标。

美国前总统罗斯福的夫人在年轻时从本宁顿学院毕业后，想在电讯业找一份工作，她的父亲就介绍她去拜访当时美国无线电公司的董事长萨尔洛夫将军。

萨尔洛夫将军非常热情地接待了她，随后问道："你想在这里干哪份工作呢？"

"随便，"她答道。

"我们这里没有叫'随便'的工作"，将军非常严肃地说道："成功的道路是由目标铺成的！"

这个故事告诉我们：一个人只要有了明确的奋斗目标，也就是产生了前进的动力。因而目标不仅是奋斗的方向，更是一种对自己的鞭策。有了目标，就有了热情，有了积极性，有了使命感和成就感。其实，没有奋斗的方向，就活得混混沌沌，准确地把握好自己的喜好和追求，是走向成功的第一步！

显然，成功者总是那些有目标的人，鲜花和荣誉从来不会降临到那些没有目标的人头上。许多人怀着羡慕、嫉妒的心情看待那些取得成功的人，总认为他们取得成功的原因是有外力相助，于是感叹自己运气不好。孰不知，成功者取得成功的主要原因，就是由于确立了明确的目标。

有明确目标的人，会感到自己心里很踏实，生活得很充实，注意力也会神奇地集中起来，不再被许多繁杂的事所干扰，干什么事都显得成竹在胸。相反，那些没有明确目标的人，总是感到心里空虚，思维乱成一团麻，分不清主次轻重。遇事犹豫不决，不知道自己该做什么，不该做什么。就像一艘轮船在大海中失去了方向，就会在海上打转，直到把燃料用完，仍然到达不了岸边。事实上，它所用掉的燃料，已足以使它来往于大海两岸好几次。

同样的道理，一个人如果没有明确的目标以及达到这些目标的明确计划，不管他如何努力工作，都像是一艘失去方向舵的轮船。如果一个人并未在心中确定他所希望的明确目标，那么，他又怎能知道他已经获得了成功呢？

找到目标，才能迈向成功

一个没有目标的人就像一艘没有舵的船，永远漂流不定，只会到达失望、失败和丧气的海滩。其实更多的时候，目标还是要靠自己选择。惟有自己才较明白自己的特长和潜力所在，才最明白什么样的目标才会让你永久沉迷——而沉迷是迈向成功的重要心理保证。

前美国财务顾问协会的总裁刘易斯·沃克曾接受一位记者采访，要他谈有关稳健投资计划的基础问题。他们聊了一会儿后，记者问道：“到底是什么因素使人无法成功？”

沃克回答：“模糊不清的目标。”记者请沃克进一步解释。他说：“我在几分钟前就问你，你的目标是什么？你说希望有一天可以拥有一栋山上的小屋，这就是一个模糊不清的目标。问题就在有一天不够明确，因为不够明确，成功的机会也就不大。”

在现实生活中，有数以千计的人，他们共同的悲哀是：“我无法决定”。这真是人生最大的遗憾之一。因为，“无法决定”的背后是对“成功目标”缺乏信心，它将扼杀人的希望、自信、进取精神和未来成就。一旦你陷入犹豫不决、彷徨无助的境地时，便无法胸有成竹地向一个明确的目标迈进。

你可曾想到，大多数人都是在没有明确目标或明确计划的情况下，完成了教育，找一个工作，或开始从事某一种行业。但许多人依然如无头苍蝇到处乱撞，找不到合适的工作。因为他们从一开始就没有确立明确的目标，所以到了“而立”之年乃至“不惑”之年，还在为找不到合适的工作而苦恼，人生始终处于失败状态。

就比如，你真的希望在山上买一间小屋，而你就必须先找出那座山，找出你想要的小屋现值，然后考虑通货膨胀，算出5年后这栋房子值多少钱。接着你必须决定，为了达到这个目标每个月存多少钱。如果你真的这么做，你可能在不久的将来就会拥有一栋山上的小屋，但如果你只是说说，梦想就不可能实现。梦想是愉快的，但没有配合实际行动的模糊梦想，则只是妄想而已。

所以，聪明的人，有理想、有追求、有上进心的人，一定都有一个明确的奋斗目标，他懂得自己活着是为了什么。因而，他的所有努力，都是围绕着一个目标所进行的，他知道自己怎么做是正确的、有用的，否则就是做了无用功，或者浪费了时间和生命。

2. 目标明确，轻松挑战成功

在波浪滔天的大海中航行，假如没有灯塔的指引，就很有可能偏离航线或触礁沉没，无法到达理想中的彼岸；在茂密阴翳的原始森林中穿行，假如没有指南针的指引，也不会观察日月星辰，即使拥有强壮的身体，也很难走出森林；在漫漫的人生长路上，假如没有一个明确的人生目标，无论你多么努力，也不会取得任何成功，最终只能是一事无成。

有句话说得好：“你过去或现在的情况并不重要，你将来想要获得什么成就才最重要。除非你对未来有理想，否则做不出什么大事来。”作为21世纪的青少年，你只要有了目标，内心的力量才会找到方向。茫无目标的漂荡终归会迷路，而你心中那座无价的金矿，也因不开采而与平凡的尘土无异。

做事之前，要先定目标

世界顶尖潜能大师安东尼·罗宾曾这样说：“有什么样的目标，就有什么样的人生。”是的，作为一名青少年，当你给自己定下目标之后，目标就会在两个方面起作用：它是你挑战成功的方向，也是对你人生的鞭策。目标给了你一个看得着的射击靶，在你一天天地实现自己定下的目标时，你会从心底里产生一种成就感和幸福感，从而更加努力的去追求。

有这么一个故事，充分说明了目标的重要性。

三个工人在砌墙，有人走过来问他们在干什么。甲没好气的说：“没看到我们在砌墙吗?”乙说：“我们在建造一座雄伟的大楼。”丙吹着快乐的口哨，高兴地说：“我们正在建设一座美丽的城市。”

十年后，甲还在工地上砌墙，乙成为了一名著名的建筑设计师，而丙这时已经是这个城市的市长了。

这个故事告诉人们有了明确的目标，才会有成就。明确的目标是前进的方向，明确的目标是人生的灯塔，人生若没有一个明确的目标，就像风筝断了线一样，不知道将要随风飘到哪里去。人生若没有明确的目标，他只能庸碌的过日子，只会与失败为伍。

如果一个人能对自己的能力进行正确的评价，再给自己设定一个切合实际的目标，一步一个脚印地走下去，取得成功并不是一件很困难的事。因为有了明确目标的指引，对于前进道路上困难就会有心理准备，就能够接受任何挫折与失败，并不断地调整自己的心态，不但有利于身心健康，而且也有助于事业的成功。

但是，需要注意的是，奋斗目标不应该好高骛远。目标要明确、具体，不能太笼统。目标还要适度，使自己能够承受。此外，所设目标要有一定的难度，有一定的挑战性，有相当的竞争性，同时也不能“可望而不可及”。不然，只会给人徒留笑柄。

要做个有成就的人，必须知道自己想成就的是什么，否则就会像在太平洋中驾船却没有带指南针一样，一会儿东，一会儿西，随风飘荡，虚掷一生，却哪儿也没去成。

明确的目标会让你精神十足地去面对前进道路上的一切困难，对于前方的艰难险阻，你会用百倍的信心去面对。有了明确的目标就会产生伟大的精神，有了伟大的精神，整个世界都会为你让路。

青少年朋友们一定要知道：不管做什么事，都要先有一个明确的目标。了解自己内心的需求，明确自己的人生方向，朝着目标不断的前进，方能到达理想的彼岸，方能收获人生的喜悦与幸福。

目标明确，轻松挑战成功

你是不是总在考试过后才发现有很多课程没来得及复习，你是不是打算早起锻炼身体结果却没有起来，你是不是打算去买件上衣结果却提了条裤子回来，你是不是总感觉学习成绩怎么也提不上去？亲爱的青少年朋友，你知道吗？这一切，源于你没有明确的人生目标。没有目标的人怎么能够挑战成功呢？

世界著名的石油大王约翰·洛克菲勒年轻时，也曾有过一段无聊彷徨的岁月。

有一次，他漫无目的地出了家门，随便搭乘了一位农民的马车。坐在马车上，这位农民问他要去哪里，约翰·洛克菲勒就引用惠特曼的诗句回答说：“我将去我喜欢的地方，让漫长的道路将我带到遥远的地方”。农民很惊讶了问了一句：“你竟然没有一个明确的目的地！”说完便停下了马车，将他赶了下来，并严厉的告诉他：“游手好闲之徒，你应当找份正当的职业，挣钱过日子。”

这位农民的话让洛克菲勒猛然醒悟，从此他立志干一番事业，做一个对社会有用的人。后来，经过多年奋斗，他终于凭借自己的聪明才智建立起一个庞大的石油帝国。在他晚年，还经常以这件事来教育自己的子孙——人生不能没有明确的目标。

目标给了我们生活的目的和意义。当然我们也可以没有目标的活着，但是要真正的活着，快乐的活着，我们就必须有生存的目标。伟大的艾德米勒·拜尔德说：“没有目标，日子便会结束，像碎片般的消失。”

在*1953*年，耶鲁大学对毕业生进行了一次有关人生目标的调查。当被问及是否有清楚明确的人生目标并是否进行了详细的计划时，结果只有*3%*的学生作了肯定的回答。*20*年过去了，有关人员又对这些毕业生进行了一次跟踪调查，结果发现，那些有明确人生目标并为之制定了详细计划的*3%*的学生，要比其他*97%*的学生更有成就。

翻开每一部成功人士的传记，循着每一个成功人士的足迹，你会发现，所有成功人士在青年时期都已经为自己树立了一个明确的人生目标。只要有了目标，就有了奋斗方向，有了奋斗的方向，那么他必定会在一切挑战面前，勇往直前。

3. 成功就是实现了一个个的目标

孙中山先生说：“人类因梦想而伟大。”成功，是每一个人的梦想，人人都希望成为一个成功的人，追求成功是个人进步和社会完美的最伟大的驱动力。可是，什么是成功呢？成功就是人生的每一个梦想目标的实现，成功源于实现人生梦想和目标。

每个中学生都希望自己那缤纷的梦想得以实现，每个中学生都渴望自己的成绩一直不断地上升，每个中学生都希望做自己想做的事情……可是，事情不是希望就可以实现的，成功需要付出，成功需要实现目标。

在前进中给自己一个看得见的目标

人生最怕的就是在大海中航行看不见目标，人生中最可怕的就是无休止的没有目标的等待。没有目标的人生是可怕的人生，但是看不见目标的人生则是让人痛惜的人生。中学生朋友，你有自己的目标吗？你看得见自己的目标吗？

很多同学都有这样的经历，在考试之前给自己定了一个很大的目标，在完成目标的过程中感觉这个目标太大了，自己根本就完成不了，以至于不到最后就放弃了。根本的原因就是因为目标太大，大的让自己看不到，大的让自己不敢走下去。所以，在学习的过程中，一定给自己一个看得见的目标。

英国有一个女性游泳爱好者，在一个浓雾的天气里，她要挑战横渡一个海峡。当她跳进水中的那一刹那，海水冰冷刺骨，身边还不时的有鲨鱼出现。她身边的护卫人员帮她赶走了鲨鱼，她则一直不停地向前游去。

就这样一直游了15个小时，她眼前的景象和刚下水里一样，除了一片浓雾之外，什么也看不见，她终于坚持不住了，要求身边的人员将她拉上船去。到了船上，休息过后，她非常后悔自己的举动，因为她发现在她上船的地方，离海峡不足半英里。

事后她说："我不是给自己找借口，是因为天气问题，我看不见目标还有多远，所以才让我丧失了坚持下去的勇气。如果天气好点，我可以看见海峡，我一定会游过去的。"

这是她生涯中，第一次也是惟一一次没有坚持到底，也成了她生命中的一个遗憾。不久之后，她为自己设定了清晰的目标，重新游过了这个海峡。由此可见，制定一个让自己看得见的目标有多么的重要。

青少年朋友在学习的过程中也应是如此，给自己一个看得见的目标，哪怕只是一个小目标。当你完成这个小目标的时候，你内心会涌起一种成就感与快乐感，这种美妙的感觉会带给你制定下一个目标的动力，让你一直在实现目标中快乐地生活。

分段实现自己的目标

不要小看一个小目标的力量，许多大成功就是因为实现了一个个的小目标而积累起来的。没有一个个小目标的实现，何来大目标的实现，何来成功之谈？成功就是逐步实现一个有意义的小目标，意思就是说：将大目标分解成为小目标，然后分段去实现自己的目标。

罗马不是一天建成的，长城不是一天修好的。一个长远的计划中，要分很多个细小的计划才是切实可行的，完成起来也才会觉得不那么吃力，而且会时时感觉到自己的进步，以及目标越来越接近。制定远大的目标是人生成功的关键，制定阶段性目标更是关键中的关键。

有人做过这样一个实验，他组织了三组人向同一个村庄行进，第一组人，没有告诉他们村庄的名字与路程，只让他们跟着向导走。走到一半时，就有人开始抱怨太远，有的人不愿意再走下去了；第二组人，告诉他们村庄的名字和路程，但路中没有里程碑和标志，当走到一半时，有人开始喊累，有人开始休息。这时，有人说，快到了，才得以大家一起前进；第三组人，不仅告诉他们村庄的名字和路程，而且每一段路程都有一个明显的里程碑。这组人就开始唱着歌，聊着天，经过一个里程碑就感觉离终点更近了一步，所以，他们最快到达了目的地。

无独有偶，还有一个故事：日本有一位运动员叫山田本一，名不见经传的他在*1984*年的东京国际马拉松邀请赛中，出人意料地夺得了国际冠军。当记者问到他是什么力量让他拿到这个冠军时，他说了一句话："凭智慧战胜对手。"两年后，意大利国际马拉松邀请赛在意大利北部城市米兰举行，山田本一代表日本参加比赛。这一次，他又获得了世界冠军。记者又请他谈经验。他还是说了那句话："凭智慧战胜对手。"

人们对他的优秀成绩感到不解，后来，在他的《自传》中，所有的人才恍然大悟。他在他的《自传》中是这么写的："每次比赛之前，我都要乘车把比赛的路线仔细看一遍，并把沿途比较醒目的标志画下来。比如第一个标志是银行；第二个标志是一棵大树；第三个标志是一座红房子……这样一直画到赛程的终点。比赛开始后，我就以跑百米的速度，奋力地向第一个目标冲去，过第一个目标后，我又以同样的速度向第二目标冲去。起初，我并不懂这样的道理，常常把我的目标定在*40*千米外的终点那面旗帜上，结果我跑到十几公里时就疲惫不堪了。我被前面那段遥远的路程给吓倒了。"

4. 养成树立远大目标的习惯

世界著名心理学家威廉·詹姆士说：播下一个行动，收获一种习惯；播下一种习惯，收获一种性格；播下一种性格，收获一种命运！

青少年要养成树立远大目标的习惯，别忘了，有目标才可以挑战充满变数的未来。

好的习惯是十分重要的，它可以让人的一生发生重大变化。满身恶习的人，是成不了大气候的，惟有有好习惯的人，才能实现自己的远大目标。因此，青少年朋友应该养成有远大目标的习惯。

养成树立远大目标的习惯

俗话说“无志者常立志、有志者立志长”。作为一个有志的青少年，应当早一点确定自己的人生目标，且不要轻易变来变去。立志要远大，尽管是量体裁衣的相对远大。

古语说：“取法其上得乎其中，取法其中得乎其下”，“确立的目标越高，达到的境界越高”。哈佛毕业生成功率追踪研究结论之一是：有无远大目标，结果很不一样。一个人、一个组织或者一个国家，都应当有远大目标。

查理·斯瓦布是一个小时候生活在宾夕法尼亚的山村里的孩子，那里的环境非常贫苦，而他也只受过短短几年教育。从 *15* 岁起，他就孤身一人在宾夕法尼亚的一个山村里赶马车谋求生路。过了两个春夏，他在钢铁公司谋得了另外一份工作，虽然每周只有 *3* 美元的报酬，可是，在工作期间他每次都把工作做的最好。皇天不负有心人，很快他就成了卡内基钢铁公司的一名正式员工，日薪 *1* 美元。又过了没多久，他就升为了技师；慢慢地，他升任总工程师；*5* 个春夏秋冬过去了，他也成了兼任卡内基钢铁公司的总经理。

他这一步步走来的历程，证明了他有能力来承担任务，同时，这也与他的习惯有关。当他还是钢铁公司一名微不足道的工人时，就暗暗下定决心：“总有一天我要做到高层管理，我一定要做出成绩来给老板看，使他自动来提升我。我不去计较薪水，我要拼命工作，做到最好，使我的工作价值远远超过我的薪水。”

因此，他在公司的地位每每提高一步时，总是以公司中最优秀的人作为下一个目标。他没有在受规则约束的时候向身边的人抱怨，他也没有每天做着白日梦等待着奇迹的出现。他深知一个人只要有远大的目标与志向，并肯努力为之去奋斗，尽力让自己做到最好，就一定可以实现自己的梦想。

立了大志，人生就发生了变化，最大的变化是人源源不断释放出精神动力，精神动力就像潜藏在人心中的宝藏。远大的志向是挖掘宝藏的金钥匙，能够释放出精神动力的人才能成就一番伟业。

查理·斯瓦布就是这样一个简单的想法，就是这样一个小小的习惯，短短的5年之内造就了他的辉煌人生。对于处在成长阶段的青少年朋友来说，这个时期是树立人生方向的大好时期，世界上很多伟人的志向都是在小时候就确立的。有了远大的目标，你就会慢慢养成一种为这个目标奋斗的习惯，养成一种为目标奋斗的习惯之后，你就会一步步地实现这个目标，最后达到成功。

远大的目标能激励你一生

在生活中，立下大志的人，心中都有一个高标准，他的一生都会在这个远大的目标激励下行动。那个标准就像他人生旅程中的灯塔一样，当在现实生活中遇到困难挫折时，灯塔之光就会给他希望和力量，让他勇敢地、坚持不懈地走下去。当他在生活中取得成绩时，灯塔之光又会是一个警示，提醒他离目标还很远，一刻都不要松懈。

在成语词典中，还有这样一个成语——胸无大志。胸无大志的人是受人鄙视的，因为胸无大志，他对自己的要求就会低，努力就会被淡化，人本应有的能量就无法发挥。人无志不立，一个胸无大志的人浪费的是自己的天赋，让本该精彩的人生变得黯淡无光，这是人生的一大憾事。

远大的目标能让你的人生更有价值。在学习的过程当中，如果你觉得自己的目标并不重要时，就会认为对目标所付出的努力没有什么价值。如果你觉得自己的目标很重要，情况就会相反。因此，青少年朋友必须把目标建立在自己的理想上，如果你的各个目标组成了你所珍视的理想，那么你就会觉得为之付出的努力是有价值的。

远大的目标能让你产生战胜一切的动力。明确的、具体的目标是你努力的依据，是一个看得见摸的着的射击靶。欧尔·奈丁盖尔说："要谋求幸福，我们的人生就不能没有一个远大目标。"意思也就是说，没有远大目标的人，即使有巨大的能力，也还是很难达到理想中的目标，取得巨大的成功。

远大的目标能使你把握现在。希拉尔·贝洛克说："目标是朝向将来的，是有待将来实现的，但目标使我们能把握住现在。"任何伟大目标的实现，依靠的是一个个小目标的实现，一连串小目标的实现，最终才会实现远大的目标，因为远大的目标是一个个小目标堆砌而成的。青少年朋友要知道：你现在的种种努力都是为实现将来的目标铺路，如果你能集中精力于现在的学习，那么你就能成功。

5. 做一个有志向的人

俗话说："有志者，事竟成。"这里的志，是大志，是雄心壮志，是崇高的理想。有人说："人生志向决定人一生的成功顶峰，意思就是说理想与目标决定成功的一个人的成功的大小。"

古今中外，凡是有作为对人类社会进步有大贡献的人，无不注重人生志向、崇高理想和远大目标。如果一个人没有远大理想，就会迷失前进的方向，就会失去人生内在的前进动力，青春就将枯萎、衰退，生命就会黯淡无光。

在人生的道路上，每个人都有自己的志向、追求、目标和理想。但不同的人，所立的志向、所抱的理想各有不同。有个人成名之志，有小家庭温饱之志，有发大财之志，有追求个人享受之志，有心怀天下的鸿鹄之志。诸葛亮说：“志当存高远。”崇高的理想可以激发人的才智，激励人们奋发向上。

没有志向，你将一事无成

著名的成功演说家卡耐基认为，立志是一个人踏入学习大门的开始，勤于学习是登堂入室的旅程，这旅程的尽头就有成功在等待着你。因此，立志是成功的前提和关键。有多大的志向，就会有多大的成就。没有什么是想不到的，只有做不到。一个人有什么样的志向，很可能就会有什么样的未来。

一个衣衫褴褛、神情萎靡、不时地打着哈欠的年青人，孤独地倚着一棵大树晒太阳。一位智者从此路过，好奇的问他：“年青人，如此美好的时光，你不去做应该做的事情，岂不辜负了这大好的时光？”这个年青人叹了口气说：“在这个世界上，除去我的身体以外，没有什么是我的了，每天晒晒太阳就是我要做的所有事情了。”

“你没有家？”

“没有。与其承担家庭的负累，不如干脆没有。”

“没有朋友？”

“没有。与其得到还会失去，不如干脆没有朋友。”

“你不想去赚钱？”

“不想。千金得来还复去，何必劳心费神动躯体。”

“噢，”智者若有所思，“看来我得赶快帮你找根绳子。”

“找绳子？做什么？”年轻人好奇地问。

“帮你自缢！”

“自缢？你叫我死？”年轻人惊呆了。

“对啊，人生有生就有死，与其生了还要死，还不如不生呢。你的存在，本身就是多余，自缢而死，不是正符合你的逻辑吗？”

让人活着的是一种希望，一种精神；让人坚强的活着的是一种力量，一种志向。如果失去了希望，失去了志向，也就等于失去了一切。与其没有理想、没有目标、行尸走肉的活着，不如有希望、有精神、有志向的活着，同样是活着，为什么不去选择一种更好的活着的方式呢？

有志向的人，就是在为未来做打算

你打算将来干什么？

这确实是个难以回答的问题，但同时，这也是一个十分关键的问题。古语有云：“凡事预则立，不预则废”。是否拥有属于你自己的志向，理想，目标或者是计划，决定着你能否较快的获得学习上的进步，甚至是人生的成功。

人生志向犹如航海中的指南，有了指南，才能更准确地到达胜利的彼岸。少年的周总理胸怀大志——为中华崛起而读书，一语惊人，震撼人心。他将自己折成一只“船”，不怕风雨的洗礼，不怕恶浪的袭击，不怕条件的恶劣，不怕旅程的曲折，坚持不懈地朝着一个目标不断地奋斗，使中国国力提高，国民强大，达到他理想的彼岸——中国人民能从水深火热中解脱出来。他伟大的领袖形象永远在人们心中。“千淘万漉虽辛苦，吹尽狂沙始到金”是他的真实写照。

竺可桢在早年就写下自己的人生志向：“我将一生学好科学，以科学来唤醒中华，振兴中华”。之后，他就为之不停的努力拼搏，最终，他在气象学等领域取得了非凡的成就。

桥梁专家茅以升在小时候就确立了自己的志向，有一次，他听到因桥梁崩塌而造成许多人死亡，就立志要做一名出色的桥梁建筑专家，以后要建造坚固而实用的大桥。因为有了志向，他也就有了为之努力为之奋斗的方向，因此，他最终成为了一名有名气的桥梁大师，实现了自己的人生志向，南京长江大桥就是他人生志向最好的见证。

人生有志向而为之去奋斗，人生才能充满意义与色彩，无论色彩是暗淡或鲜亮的，你的人生不再是空的。人一旦有了志向作导向，为了实现价值与目标，就会不惜一切去实现自己的志向，实现自己的人生价值。带着人生志向去放逐生命，追逐人生中的七色“彩虹”，相信你一定可以拥有一个多彩的人生。开启人生志向的每一片扉页，把精彩动人的经历留给自己，留给别人。

6. 突破自我，战胜自己

当你有了某种决心和信心时，全世界都会给你让路。

杜拉因说：“任何人都可以爬升到自己理想的天国，同时，当他选择要爬上去时，世界的力量就会帮助他，一直把他推上去。”是的，当我们有了某种决心，并且相信有实现的可能性时，各方面的资源都会协调运转起来，把人推向成功的巅峰。所以，作为新时代的青少年们，不仅要相信自己的能力，相信你能行，更重要的是决定了某件事，就要勇敢地走下去。

古人说：“知己知彼，百战不殆”。如今在现实生活中又何尝不是呢？人生就像是一盘棋，怎样去下，每一个下一步要怎样走，全由自己掌握。也许会走错棋，也许会走进死胡同，没关系的，只要这盘棋还没有结束，一切都有可能出现。青少年只有在前进的道路上，勇于突破自我，即使是失败也是一种锻炼。要做到胜不骄，败不馁，不要永远活在失败的阴影下，勇敢地去找寻失败的原因，提升自己，战胜自己，相信自己一定能把人生这局棋走的很精彩！只有勇于突破自我，才能少些不必要的烦恼与忧愁。郑板桥说：“千磨万击还坚韧，任尔东西南北风。”勇于突破自我，无需犹豫！战胜自己，何需等待！拿出你的勇气来，勇往直前，永远争取吧。

突破自我，铸就面对烦恼和忧愁的良好心态

人生如戏，每个人都是主角，不必模仿谁，我是我，你是你，好好地活着，为自己活着。有梦想就大胆的追求！失败也不要放弃，随它花自飘零水自流。其实对青少年来说，真正的成功，不在于战胜别人，而在于战胜自己。

小宝从小性格就内向，自尊心也特别强，所以学习成绩一直也很好。可是，最近她总以为别人时刻都在用鄙视眼神的看她、评价她，所以她担心自己会出什么差错，否则，会让人看不起。后来，她暗恋上了班内的某个男生，但又不敢表露出自己的爱慕，还怕别人知道这个秘密。有一次，好朋友给她开玩笑说：“我知道你爱上他了，你别藏在心里啦!”她一听心里急得发慌，担心别人会对她评头论足。从此以后，她见人就躲开，不愿理会别人。有人找她聊天、玩耍，她就面红耳赤、心慌意乱，而且说话也是语无伦次，最后导致一见人就担心害怕。

以上这个事例表明，小宝是由于社交恐惧心理导致她不能正常与同学交往。最终陷入困境、不能自拔。这种社交恐惧是因心理紧张而造成的心因性疾病，只要有这种心理的青少年做到全面了解自己、树立自信心、改善自己的性格、学会与别人交流、掌握上些社交技巧……只要将这些落实到位，相信战胜不良的心理障碍指日可待。

中国有句俗语说得好：“不会战胜自己的人，是胆小的懦夫。”突破自我，需要勇气，需要其顽强生命的活力。青少年朋友们，无论是健全的身躯还是残缺的臂膀；无论是优越的条件还是困窘的环境，大胆地拿出你的勇气，你的胆识，去克服困难，克服恐惧，克服失败带给你的消极情绪。不管你正在前行中，还是失意时，此刻不要在彷徨，不要再犹豫，对现在的你来说从失败中找出通向成功的途径才是最重要的。

青少年朋友们，只要勇于突破自己的防线就等于打开了智慧的大门，开辟了成功的道路，铺垫了自己在人间的旅途，铸成了自己的一种面对任何烦恼和忧愁的良好心态。

战胜自己，走向成功

鲁迅先生说：“人生的旅途，前途很远，也很暗，然而不要怕，不怕的人面前才有路。”的确，在通往成功的道路上，不乏荆棘和陷阱，到处都有困难和坎坷。有些人遭到了一次次失败，便把它看成拿破仑的滑铁卢，从此一蹶不振。而对于一心要取胜、立志要成功的人来说，一时的失败并不是永远的结局，在每次遭到失败后重新站起，要比以前更有坚强的毅力和决心向前努力，不达目的决不罢休。

他出生在一个寂静荒野上村庄上，因为贫穷，常被赶出居住地，全家人不得不经常搬家。9 岁的时候，母亲因病不幸去世，生活变得更加艰难。22 岁时，他失业了，很是伤心，决定参加州参议员竞选，但落选了。想进法学院学法律，但因种种原因进不去。不得不向朋友借钱经商，可不到一年就倒闭破产了，欠下了巨额外债，此后的几年里，他不得不为偿还债务到处奔波。

25 岁，他再次参加州参议员竞选，竟然赢了，以为从此好运就会来了。第二年，正当他准备结婚时，未婚妻不幸去世，受到打击，为此心灰意冷，而卧病在床。

29 岁，竞选美国国会议员，结果没有成功，但他没有放弃，于第二年又参加竞选美国国会议员，可还是落选了。

因为竞选赔了一大笔钱，他申请担任本州的土地官员，但申请被退了回来。几年里，接二连三的失败并没有使他气馁，而是勇敢的面对，挑战失败。过了两年，他再次竞选美国国会议员，依然遭到失败。

在他 *51* 岁时，*1860* 年，他终于当选为美国总统。他就是一个令全世界都为之叹服的伟人——美国第十六任总统，亚伯拉罕·林肯。他战胜了生命中接踵而来的各种挫折与不幸，最终战胜了自己，登上了人生理想的高峰。

布伦克特说："只要不让年轻时美丽的梦想随着岁月飘逝，成功总有一天会出现在你面前。"要坚持你的梦想，不要退缩，成功并不是海市蜃楼，那是黎明前的黑暗，因为阳光总在风雨后，请相信有彩虹！坚持自己的梦想，成功就在你的前头！

纵观古今中外的成功人士举不胜举，司马迁虽然身受宫刑，但仍不屈不挠，凭着顽强的毅力完成了巨著《史记》；海伦自小双目失明，饱受病魔缠身，但她自强不息的精神促使她写下了一部又一部脍炙人口的文学著作……战胜自己说起来容易，但是真正地做起来要比战胜别人难的多，因而战胜自己，就要有坚忍不拔的意志，要有根深蒂固的信念，要有在逆境中成长的信心，要有在风雨中磨练的决心。不要时时刻刻把战胜别人看得太重要，最大的胜利便是战胜自己。战胜自己并非易事，所以，青少年朋友们要加强培养战胜自己的目标、决心、能力及克服困难的勇气。

卡耐基曾说："经过无数次失败以后，姗姗来迟的东西叫成功。"漫漫人生路上也正是有了成功与失败，生活才有意义。作为旭日东升的青少年，要明白成功绝非偶然，是靠艰辛的付出和耐心的积累而来，当你在一次次的失败后，又一次次的选择后，就会发现成功的坦途已经铺到你的面前了。要记住，在生命中勇于突破自我，战胜自己，不要放弃自己的梦想和追求，努力向前。

7. 主动出击，不要等待

现实生活中不难发现，很多的青少年脑子里有各种理想和梦想，一说起来就是天花乱坠，心潮澎湃，但却一样也没能成为现实。原因何在？其实并不是不愿去实现，而是生活中总是有太多的繁事琐事，这些都使梦想的实现一次次被推迟，人们总是在想：明天再做吧。然而，明日复明日，明日何其多？这一推往往就与梦想失之交臂了。

其实有时候所谓的"没时间"只不过是一种借口，关键还是要看你是否愿意为之付诸行动，要知道行动远比静止有意义，坐着不动永远都不会有机会。所以，不管周围的环境是怎样的，只要心中还有信念，就要排除一切去做自己想做的，哪怕每天只是向梦想迈出一小步。当然，梦想不在于这么一小步，但梦想却又离不开这么一小步，它所代表的是你为梦想所付出的行动，有行动就有希望。如果一个人只会高谈阔论而从不付诸行动，那他和纸上谈兵的"赵括"又有什么区别呢？

生命不能等待，不要让梦想落空

一个老人回顾了自己忙碌的一生：他在学生时代曾有一个梦想，

那就是走遍全世界，像徐霞客那样踏遍山水，做个像马可·波罗那样的旅行家和冒险家，去感受一下大海一望无际的壮阔，体会一下沙漠高低起伏的雄浑，探索落日下尼罗河畔金字塔的奥秘，追寻云雾中喜马拉雅之巅的神圣。但是那时，他觉得自己还不具备实现这个梦想的条件，比如缺少金钱、没有时间、体质不够健壮、知识不够广阔等等。于是，这个梦想就一再地搁浅。大学毕业后，他又要急于找工作来养活自己，等工作走上了轨道后，他恋爱了，两年之后又自然而然地结婚了。结婚就代表着自己要对妻子负责，对孩子负责，承担家中的大小事务。于是，他拼命地挣钱养家，养老婆孩子。他想，等孩子再大一些吧！等到自己事业更上一层楼时，就可以在金钱的基础上，抽出时间来去实现自己的梦想。

就这样，日复一日，月复一月，年复一年。这个学生时代就热衷于追求心中的梦想的如今成了一位白发苍苍的老人，但他还是被各种各样的琐事困扰，于是梦想逐渐变的更加遥不可及。即使这个时候他可以放下一切，但他的身体已经不容许他去走南闯北了。最终，他为自己的梦想打了折扣，决定放下一切，带着老伴去欧洲旅游，也算是了了一桩心愿。

其实，在这个世界上，像这位老者一样的人实在是数不胜数，他们总在想着等到有钱了再做吧，等到时间充裕了再做吧，等到心情好了再说吧，等到……结果他们的一生都浪费在了无谓的等待上，生活再也没有走出过精彩来。虽然他们的心中一直都有梦想，但却从未对梦想做过些什么，空有一腔的热情又有什么用呢？估计这个世界上向往马可·波罗的人大有人在，但真正像他这样的旅行家、冒险者还真少有，因为大多数人都没有马可·波罗那样拿根棍子拿只碗，一路要饭也要去实现自己的梦想的决心与勇气。

青少年们要以此为借鉴，不要总想着当拥有一切时再去做，凡事有得必有失，这是亘古不变的道理，也许你拥有了这个，就失去了那个，永远也无法达到共有。况且，无尽的等待或多或少地都会消磨掉心中对梦想的那份热忱与激情。因此，青少年们如果心中有梦想，就要马上付出行动，一刻也不要等待，逐步行进，要知道每走一步就离成功更近一步。

有了梦想就去大胆地去做

刘翔在中国可谓家喻户晓，他在田径赛场上取得的成绩不仅让中国人赚足了面子，也给整个亚洲赢回了不少喝彩。*2004* 年在雅典奥运会上，他一举夺得男子 *110* 米栏金牌，以 *12.91* 秒的成绩追平了英国人科林·杰克逊 *1993* 年在斯图加特创造的世界记录，全世界的人都被这个 *20* 岁的中国小伙子震惊了，一时间刘翔的身价倍增，成为中外商家的宠儿。刘翔能够取得如此瞩目的成绩，并不是偶然，也不是运气，这与他的努力是分不开的。

年少时的刘翔就对奥运健儿们有着一种特殊的好感与热情，梦想着自己有一天也能够成为其中的一员，不过刘翔并没有将自己的梦想藏在心中，而是化成了力量与行动。当然，在各项条件都还不成熟时，他所能做的并不多，他只是一心想把自己的身体锻炼好，这是一个运动员的基本，没有强健的体魄，要想进奥运为国争光便都将成为无稽之谈。刘翔当然明白这个道理，于是他坚持做好每一项锻炼，就像他自己所说的，他的成功只是他为了梦想按部就班，做好应做的事，通过自己不断的努力得来的。最终，皇天不负有心人，刘翔的梦想在行动与艰辛中实现了，这个黄皮肤、黑头发的中国人创造了让全中国人，甚至是全世界人民震惊的成绩，为国家赢得了一份光辉与荣耀。

刘翔用事实告诉人们，实现梦想的关键是能否果断地采取行动，行动才是最强大的力量。如果说理想是成功的蓝图，那么行动就是成功的基石。倘若只是空有一腔报国热情，却总是坐等机会，那么成功永远也不会来光顾你！

斯宾塞说过一句话：“我们必须记住学习的时间是有限的，不只是由于人生短促，更由于人事纷繁，我们应该力求把所有的时间用去做最有益的事情。”对于现在的青少年来说，更应该为自己的理想付诸行动，即使最终的结果不那么成功，不那么尽如人意，但至少自己努力了，至少做到了问心无愧。生命有限，人生苦短，只要心中有梦想，就要用心用行动去做，不要让自己的人生留下遗憾。

有很多人带着梦想活了一辈子，却从来没有认真地去尝试实现梦想，而且对于做不成的事情或者还没有做的事情，总是来找一个理由或借口来为自己开脱，很少有人把原因归结到自己身上，然后继续过平庸的日子，让梦想躺在身体里的某个角落呼呼大睡。如此态度，机会怎么可能会不招自来呢？更何况现在社会竞争是那么的激烈，对于新时代的青少年来说，不仅要有远大的理想，还要有付诸于行动的勇气，把握每一次机遇，最终走向成功。

8. 成长需要冒险的精神

人类的生命运动从本质上说就是一次探险，不是主动地迎接风险的挑战，便是被动地等待风险的降临。很多时候，成功都是与风险同时存在的。如果你不敢冒风险，就会错过很多人生重大转折机遇，更不会有出人头地的机会。中国有句俗话说：“舍不得孩子套不着狼。”所以，不要让恐惧阻挡你的前进，那些希望一生都不会有风险出现的人只能让自己的人生平淡无奇，毫无建树。21 世纪，青少年是中国的主人，要令中国在风云变化中屹立不倒，更加繁荣富强，你们应怎样做呢？答案是要做一个有志向的人，更要敢于冒险。

让自己有一颗敢于冒险的心

生活中处处都存在着危险：过马路要冒着被车撞倒的危险；一个淘气的小孩子想摘下树上的桃子，必须冒着爬树摔下来的危险。但如果因为怕车撞而不敢过马路，这样的人能有什么出息？不愿担风险的人永远超脱不了平庸。相反，一个人如果可以摆脱失败恐惧感的束缚，就可能爆发出连他自己也瞠目的潜能。

意气风发的青少年们，很少有人不想有所作为的，但又很少有人敢于冒风险，而通向成功的机遇常常和风险同在。其实很多人平平无为的原因，并不是因为没有机会，只是缺少一种冒险的精神，他们认为不可能的事，就不敢去尝试，他们害怕困难，害怕挫折，害怕有风险，于是总是在犹豫徘徊之间拿不定主意，错失一次次良机。一个想成功的人，一定要先摒除规避风险的习惯，重新拾回退化的冒险本能，进而培养一种健康的冒险精神。

有一天，龙虾与寄居蟹在深海中相遇，寄居蟹看见龙虾正把自己的硬壳脱掉，只露出娇嫩的身躯。寄居蟹非常紧张地说：“龙虾，你怎么可以把惟一保护自己身躯的硬壳也放弃呢？难道你不怕有大鱼一口把你吃掉吗？以你现在的情况来看，连急流也会把你冲到岩石去，到时你不死才怪呢！”

龙虾气定神闲地回答：”谢谢你的关心，但是你不了解，我们龙虾每次成长，都必须先去掉旧壳，才能生长出更坚固的外壳，现在面对的危险，只是为了将来发展得更好而做出准备。”

寄居蟹细心思量一下，自己整天只找可以避居的地方，而没有想过如何令自己成长得更强壮，只活在别人的庇护之下，难怪永远都限制自己的发展。

冒险意味着危险，同时也意味着机会。人的生活中，绝大多数人都不怕汽车而敢于过马路，这是因为他们对这件事情有把握。如你总是希望成功又怕风险，那么对不起，成功将会从你身边一次次地溜走。试想一下，如果只敢做人人都有把握做的事情，要想取得高人一筹的成就无疑只能是雾里看花，水中望月。一个四平八稳，凡事都不出格，对可能存在的风险避之不及的人又怎么能够成功呢？其实，每个人都有一定的安全区，你想跨越自己目前的成就，就不要划地自限，勇于挑战充实自我，你一定会发展得比想象中更好。我们需要做的就是接受生活的本来面貌——生命就是一场大冒险。即使失败也是财富，这样的财富谁积累得越多，谁的人生也就能走得更远。

冒险是成功的前提

人的天性中本来就有喜爱安逸、享受舒适的惰性，又很容易受到环境的影响。许多青少年满怀壮志、朝气蓬勃，最后却一事无成，大部分原因就是因为在安逸的生活、学习环境中呆久了，渐渐地失去了斗志，人的思维能力和应变能力也渐渐地迟钝，失去敏锐性，缺少为梦想拼搏的勇气。而冒险精神是惟一可以拯救那些没有特殊爱好没有特长而又安于现状之人的良药，冒险也是拯救那些有抱负但不敢行动的人的惟一良药。

从婴儿迈出第一步到人类在月球上留下足迹，无一不是冒险。如果干这个怕违背祖训，干那个又怕没有先例，那还有什么改革创新可言？哥白尼的天体运动论、卢瑟福的原子结构模型、新大陆的发现和开垦、人类的一系列发明和创造、社会变革……皆始于冒险。当然，不冒风险固然可能躲开风险，但明显的险情往往连同机遇一块消失了，而暗藏的风险依然存在，像暗礁一样阻碍你的前进。所以，不经过无数次的冒险，人类不可能从暴虎冯河、茹毛饮血，进化到今日能悠闲地坐在摩天大楼中品尝咖啡的香味。

勇于冒险求胜，你就能比你想象的做得更多更好。不过，敢于冒险是要有一定的科学依据的。它不等于蛮干，而是建立在正确的思考与对事物的理性分析上。冒险并非像赌徒下注那样盲目，靠的只是运气。哥白尼提出“地心学说”，是以特别雄厚的天文知识做基础的；麦哲伦之所以敢环球航行，是以地圆学说为基础的，是罗盘用于航海后的举动。中国的改革是史无前例的，其中误区不少，风险颇多，但收获也是巨大的。也就是说，我们提倡的冒险并不代表鼓励你做出盲目的行为，而是教你学会一种突破常规的手段，它仍然是建立在一定理智基础上的。因为冒险是需要一定资本做支持和后盾的，它需要事先经过周密细致的思考，即基于理智的判断，在该出手时才出手。只有认识到冒险的必要而决心去冒险，才能产生果断。当然，随着你实力的增强，你会发现，需要你去冒险的事情会越来越少。这时，成功已经离你很近了。那些过分小心谨慎，不愿冒风险的人，通常只能选择别人剩下来的东西，过分谨慎与不够谨慎同样不足取，要防止这两个极端。

做任何事情都不会一路顺风，随时都可能出现意外情况，出现曲折，以至失败。但是成功又是每个人所向往的，因此，冒险则是难免的了。

不可否认，做任何事情都要一步一步地进行，脚踏实地地去做，不过，这并不是说你不可以有一点改变目标境遇的想法。当一个青少年不再具有年轻人的冲劲时，事实上他已经老了——至少是心老。古人都知道“人往高处走”，你又怎可以没有一点进取心呢？没有比脚更高的山，没有比脚更远的路，只要灵魂不屈，自己一定会走出一条康庄大道。

9. 心动不如行动

“行成于思，行胜于言”，这句话已经成为大多数人的行事准则。的确，理想是成功的蓝图，行动是成功的基石，如今的青少年早已具备很好的学习条件，为了实现理想就必须有所行动。千万次的空想都不如一次脚踏实地的行动来的实际。不怕想不到就怕做不到，心动不如行动，做了也许会有收获或者是失败，但什么都不做一定是一无所获。

那有一条通向成功的船，你心动了吗？那有累累硕果，你心动吗？那有成功后的辉煌，你心动吗……心动了，那就行动吧！

成功心动，行动成功

在成功的道路上，目标和行动就像是硬币的两面，缺一不可。正如一位寓言家说得好：“理想是彼岸，现实是此岸，中间隔着湍急的河流，行动就是架在两岸的桥梁。”青少年所需要的正是一份坚持不渝的理想信念，这种信念下的坚定的行动，才能使你一步步接近于心中理想的殿堂。因为，任何行动都源于思想，而行动是指达成目标的做法，也是达到成功所不可或缺的关键。

从前有一个和尚，他下定决心要到南海去，但是南海远在千里之外，这个和尚身无分文，又没有可以乘坐的交通工具，要到那里谈何容易？不过，他并没有被眼前的这些困难所吓倒，他的脑中只有一个信念，那就是一定要到达南海。

于是他便一路上依靠化缘，徒步向着南海的方法走去。路过一个小村庄时，他碰到了一户比较有钱的人家，那家的主人看着衣着破烂不堪的和尚便问道：“你这是要到哪里去？”和尚坚定地回答道：

“我要到南海去！”有钱人听完忍不住哈哈大笑起来，说道：“就凭你这样也想到南海？别做梦了，说实话我也一直都有去南海的念头，不过目前还没有准备充分。像你这样贫穷的人，恐怕还没有到达南海，就会累死饿死了，我劝你还是趁早找个安稳的寺庙安稳度日吧！”有钱人的话并没有让和尚就此改变主意，他仍旧固执地说：“我迟早会到达南海的！”果然几年后，和尚凭借着他坚强的毅力和实际的行动到达了他梦寐以求的圣地，当他从南海返回的途中又经过那户有钱人家时，那个富人还在准备他的南海之行。

可见，雄心大略固然重要，而更重要的还在于行动，在于行动中有没有坚韧的毅力，有没有顽强的信念。行动是最真实、最有力的战胜困难的武器，不论你面临着如何艰难的挫折和挑战，只要能下定决心，用行动去战胜它，就会离成功更近一步。千万不要做一个不切实际的空想家，要知道它不会对你有任何的帮助。

当然，在我们的生活中，理想是必不可少的。一个人如果没有远大的理想和抱负，那就会变得鼠目寸光，以至一生碌碌无为。但是，有了理想，不去付诸行动，就是空想，用现代语言称之为幻想，缺乏行动的理想依旧只是一纸空文。因此，理想和行动的关系，就如同引线和风筝的关系。这个风筝能飞多远，关键在于你手中的线。而这条线，就是你的内心愿望。

行动让人无比坚强；行动让人出类拔萃；行动让人走向成功。你还等什么？行动吧！

100 次心动不如一次行动

人们常说，好的开始是成功的一半。而事实上，只要开始行动，就算获得了一半的成功。冰心在《繁星·春水》中写到：“言论的花儿，开得愈大；行为的果子，结得愈小。”因此，人不能只生活在浮想中，一味地空想，而不努力去实现自己的理想，其结局只能悔之晚矣。要想得到丰富的胜利果实，心动往往是不够的，惟有用你勤劳的双手去耕耘，那么，对于你而言，成功便不言而喻了。其实，只要你开始行动，无论结果成败与否，最终都会无怨无悔。

一般而言，生活中最容易出现两种类型的人：第一种就是每日每夜都泡在幻想中不能自拔，想从他身上看到一点行动是非常难的，第二种人便是善于把想法落实到计划中，成为一个敢于行动的人。想一下自己，你是哪一种人呢？总结一下自己的经历，是很容易就能找到答案的。

实际上，我们都知道最了解自己的莫过于自己了。但是，就是这个看似人人皆知的问题，就是没能够引起青少年的足够重视。因此，他们抱怨“心想事成”这句话是错误的。其实，这句话本身并没有错，只是很多人把想法停留在幻想的空间中，而不落实到具体的行动中，所以，就会常常出现竹篮子打水一场空的结果。当然，也有一些想得多而做得少的人。不可否认，这些人要比那些纯粹的“心动专家”要好一点，不过在一般的情况下他们也是很难取得成功的。当岁月匆匆流逝，你就会发现，理想仍然是理想，它还是天幕远景上的海市蜃楼，你就会像那个挖井人一样，终于一无所获。行动的力量是巨大的，你不能做言语的巨人行动的矮子，面对困难，你不能举着放大镜，其实和困难斗争一番后，你就会发现困难原来不过如此。

100 次心动不如一次行动！这句至理名言不知启发了多少人，因为行动是一个敢于改变自我、拯救自我的标志，是一个人能力有多大的证明。面对理想和现实的矛盾，你只有付诸行动，通过努力，克服生活中的各种困难，人生的辉煌才会徐徐展开。所以，在树立理想的同时，不忘坚持刻苦努力，以顽强的毅力去拼搏，用一种不

达目的誓不罢休的信念向困难冲击，就一定能战胜困难。也许你在付出行动前，你会叹息一件事的成功是那么地艰难，可当你行动起来，你又会突然觉得原来也不过如此。当然你可能会失败，但失败会铸就你顽强的品格和坚忍的意志，最终把你推向成功。这就是行动的力量。你有多少喜悦，多少哀愁，都在成功之后再发泄吧。

行动是成功的基石。成功路上没有享福可言，要成功就要饱经风霜，历尽千辛，朽木亦可成舟。中国的史圣司马迁矢志不渝，在漫长苦闷的生活道路上，以超人的毅力忍辱负重，终于完成了不朽的杰作《史记》；化学家诺贝尔的炸药实验虽然使亲人丧命，自己身负重伤，但仍旧坚定不移的工作；伟大的革命导师马克思，更是理想与信念结合的典范，在伦敦图书馆他的座位下，竟有他读书时放脚留下的沟痕……毫无疑问，那些成大事者都是勤于行动和巧妙行动的大师，古今中外，无一例外。在人生的道路上，“用行动来证明和兑现曾经心动过的心动”这是你最需要的。

10. 时刻给自己定位

现在校园里的“攀比”现象越来越严重，这在青少年心理上滋生了可怕的“虚伪”，很多人过于好强，爱面子，追求享乐，时刻把自己放得高高在上，人生没有了目标，整天过着虚无缥缈的生活。这种做法是错误，青少年在风华正茂之时，应该时刻给自己一个定位，让自己的生活过得充实，有意义，让自己的心灵不再空虚。

虚伪心理，让你们迷失了自己

青少年不要被周围繁华的世界所诱惑，要摆正自己的位置，找到适合自己的位置。不要见到其他同学有什么，不顾考虑自己家庭的经济情况，也要拥有一个；不要时常夸下海口，不考虑自己的能力，去做自己没有能力完成的事情；不要因为自己跟不上潮流，就装出一副的“个性”……这些一旦在青少年心理滋生，是件可怕的事情。因为大家心里已经被虚伪填充，迷失了自我。

大家要睁开明亮的眼睛，看清自己所在的位置，给自己的人生一个准备的一个定位，不要只凭自己一时的虚伪而冲动，做出一些错误的事。所以，大家要给自己找准定位，是指引自己人生道路的“北极星”，照着方向前进。

李某是一个初二的学生，放寒假的时候，他的同学好多人都跟着自己的父母去外地旅游了，李某也跟同学们说自己去陕西西安看兵马俑了。实际上李某却跟着父母串串亲戚，没事在家看看电视或者是逛逛商场，就这样寒假马上就要结束了。他的同学纷纷把自己在外地带回来的纪念品送给李某，并且向李某索要纪念品。李某说等到开学时，自己一定把纪念品送给他们。没办法他只好给在西安工作的小姨打电话，让她寄一些兵马俑泥塑品和西安剪纸，以解他的燃眉之急。

像李某这样虚伪心很强的例子，在青少年中也是皆为常见的。心理学家曾对青少年这一现象进行分析，产生这种心理的原因主要有三方面：

过于好强，爱面子。比如，为了证明自己比人强，就是没有把握的事情，你们也会选择去做，或是碍于面子问题，而不好拒绝某人所请求的事情。

好攀比，追求享乐。这需要受社会风气的影响，青少年对事物的分辨能力还不够，容易走进误区，这也是产生虚伪心理的主要原因之一。

实际上，对于青少年的虚伪心理，可以有针对地治疗。

改变自己。首先应该认识到，虚伪是人性丑陋的一面。所以我们应该改变，不要试图去改变别人，只要自己不虚伪并能为人着想，多忍耐就可以了，这样生活的会更快乐。

真诚待人。面对带有虚伪心理的青少年学生，最主要的是消除你们内心的芥蒂心理，让你们在外人面前没有心理负担，不必戴着面具生活，还你们本来的内心真相。

改善环境。要想真正纠正青少年学生中的虚伪之风，必须对现实的社会风气进行系统研究，针对造成这一问题的社会制度、思想根源，采取切实有效措施，改善社会风气，使之成为青少年心灵成长的适宜土壤。

准确的定位可以指导人生

在生命中的每一个阶段，都有一个位置问题的存在。位置并不复杂，在提升生命质量的过程中，位置都是由低到高，慢慢地循环渐进的，每个位置都有自己的表现，不能逾越，不能跳级。

在懂得了这些以后，再给自己定位，就有了一个准确的方向。因此，青少年要善于把握分寸，需要谨慎，加上持久的努力，这样才能在人生大舞台上演好自己的角色。

有这样一个人，他为了生活想砍一棵大树来换够多的钱养活家人。来到森林里面，他到处寻找，终于发现了他理想中的目标。他满心欢喜地用三天工夫砍倒了这棵树，最后却发现自己根本就带不走它，因为树太大了。如果在寻找目标的时候，他找的是一棵自己能扛得走的树，也许早就扛走了，用卖树的钱买了粮食，正与家人围在饭桌前谈天，在欢笑里等待饭熟。

这个人的心很大，但是却忘记了自己的力量很小，于是，悲剧就发生了。他错就错在没有给自己一个准确的定位。许多人一生都在瞪大眼睛寻找财富，贪婪的想把世界上每一样美好的东西都揣进自己的怀里，不料辛辛苦苦忙碌了好一阵子到头来却两手空空。真正有智慧的人懂得收敛内心的欲望，只选择自己够得着的果子去采摘，而不会把自己的小聪明当成智慧。

每个人都有属于自己的位置，但要想找到适合自己的位置，就不是那么简单了。只有找到自己的长处，给人生一个准确的定位，才能取得真正的成功。如果没有给自己确定一个准确的位置，你就可能会失败。有很多成功人士的成功，首先得益于他们根据自己的特长来进行定位。如果不充分了解自己的长处，只凭自己一时的想法和兴趣，那么定位就不准确，有很大的盲目性。

青少年朋友，在成长的道路上，时刻给自己准备的定位，让自己的心灵不再虚伪、空旷，这是走向成功人生的关键。人生最重要的不是奋斗，而是奋斗前的选择，选择就意味着要给自己一个准确的定位。人生在世几十年，如果没有一个准确而清晰的定位的话，会让自己走很多的弯路，甚至于遭受更多的挫折。

11. 敢于向自己挑战

成功的过程是一个挑战的过程，挑战的不是别人，而是自己。有句话说“人类最大的敌人就是自己”，如果可以做到挑战自己，那么在成功的道路上，还有什么可以使人退缩、惧怕呢？一个人若要成功，挑战自我是很重要的，只有敢于向自己挑战才能战胜一切。如果你没有做好挑战自己的准备，那你未来的人生路就不会那么美好。

面对人生这条道路上的重重荆棘，青少年一定要勇敢的挑战自己，随时准备挑战那些阻碍你前进的一切困难，你的人生会因此而丰富卓越，世界也会跟随着你的步伐向前迈进。只有敢于挑战自己的人才能成功；只有敢于挑战自己的人生才是有价值的；只有敢于挑战自己的人生才是多姿多彩的。

敢于正视自己的不足

生活不可能总是完美，命运对每个人来说也未必是公平的。青少年无论在自己的生活中遇到了什么样的困难与挫折，都应该勇敢的去面对。人必须面对生活带给我们的苦难，也必须正视自己的不足。

富兰克林·罗斯福曾当任过 *7* 年海军部长助理，不幸的是因为感染脊髓灰质炎而导致下肢瘫痪，只能每天坐在轮椅上，行动十分不方便。面对这一切，他决心要战胜自己，每天晚上他都偷偷地练习运动。他的母亲发现他因为练习而使身上伤痕累累时曾多次阻止，还对他说："这样让人看见多难看啊！"罗斯福说："我必须面对现实，面对自己的耻辱，我不需要掩盖我的丑态。"之后，罗斯福凭借着这种勇气，竞选成为美国第 *33* 届总统，他不仅把美国从经济大萧条中解救出来，还在第二次世界大战中为反法西斯战争做出了巨大贡献。罗斯福因为能够正视自己的不足，他打破了美国总统连任不得超过两任的惯例，成了连任四届的美国总统。

面对不幸、耻辱要敢于正视，生命是宝贵的，没有理由自暴自弃，更没有理由妄自菲薄。跌倒了，爬起来，失败了，重要燃起希望的火苗，继续奋斗，只有这样的人生才是完美的人生、成功的人生。比如，张海迪正视自己的不幸，身患高位截瘫，只能躺在病床上靠镜子反射来看书。她因为敢于正视自己的不足，成功的学会了 *4* 国外语，还翻译了 *16* 本海外著作。

老子曾说过："知人者明，自知者胜。"人只有正确的认识自己才能胜利。正视自己的成功与失败才能生出万般的力量，勇敢的面对生活中出现的不幸，随时准备挑战那些阻碍自己前进的困难，成功才会与你相伴。

青少年朋友们一定要明白，挑战自己首先要正视自己，能够正视自己这个最大的敌人，你就拥有了成就一切的力量，一旦你有了这种力量，你就拥有了成功。成功不是条件也不是方法，而是一种信念、一种想法，成功不是属于有才华的人，而是主动参与的人，只要你相信自己，奇迹就一定会实现，正视自己做一个自信的人，你就能成功。

敢于挑战自己，才能成功

人的一生不断的面对挑战，最大的挑战者就是自己，敢于挑战自己的人才能成功。一位名人曾说：“自己把自己说服了，是一种理智的胜利；自己被自己感动了，是一种心灵的升华；自己把自己征服了，是一种人生的成熟。但凡说服了、感动了、征服了自己的人，就有力量征服一切挫折、痛苦与不幸。”人生中总会经历或多或少的坎坷与挫折，在走过这些风风雨雨后，相信在心灵的原野上一定会开满顿悟的花朵，那种感觉很奇妙。每次经历其实就是对自己的一次挑战，成功是靠自己创造而来的，每个人都具备成功的能力，所以想要成功，就得向自己挑战。

虽然人不可能是十全十美的，每个人都有不同程度的缺陷，这些缺陷从某种意义上来说却是成功的动力，成功需要动力。人有了动力才有战胜挫折的可能，有价值的人生就是直面这些缺陷，进而奋发向上，努力拼搏。那些在生活中遇到的困难与挫折，让我们可以清楚的看到自己力量的不足和智慧的匮乏，所以我们就要在成功的过程中，不断的向自己挑战，只有战胜了自己才有可能成就一切。

一个人要挑战自己，需要的并不是投机取巧，也不是小聪明，而是战胜自己的信心，一旦有了这种信心，就会产生意志的力量。成功与失败最大的不同就在于意志力量的差异，人一旦有了这种意志力量，就能战胜人性中的各种弱点。当你懦弱、畏惧的时候需要勇气来战胜自己；当你懒惰的时候需要勤奋来战胜自己；当你骄傲、自满的时候需要谦虚来战胜自己；当你浮躁的时候需要宁静来战胜自己。当你有了意志的力量，你就具备了敢于挑战自己的素质，任何成功也皆有可能。

作为当代青少年，更应该敢于挑战自己，只有敢于挑战自己的人才能成功。在挑战自己的过程中激发自己的智慧与力量，从而使自己慢慢学会在克制与忍耐中的取胜之道，铸造自己无坚不摧的意志，成功就离你不远了。否则你只会被那些懦弱、畏惧、逃避打败，永远不可能成就自己，永远不可能成功。

亲爱的青少年朋友们，挑战自己吧！只有勇于挑战自己的人才能成为一个成功的人。你向自己挑战就是向人生挑战，在这个过程中你会得到更丰富的人生，它不仅可以使你终生享用，还会使你的人生更有价值。

12. 别让恐惧阻碍了前进的脚步

在充满阳光的青少年生活里，你是否害怕面对一大堆资料？你是否因受过挫折而不敢再做其他事？你是否在考试前紧张不已？你是否害怕有陌生人的场合？你是否会恐惧体育课……如果你经常面临这些现象，那就表示你有着恐惧心理。这里所说的恐惧心理，其实是指不论在现实还是想象的危险中，深深感受到一种强烈而压抑的情感状态。

青少年，特别是在青春期会面临很多烦恼与困难，如果得不到及时解决就会累积起来而导致心理崩溃，其恐惧心理便会随之出现。而一旦有了这种心理，精神就会高度的紧张，内心充满害怕，注意力无法集中，脑子里一片空白，不能正确判断或控制自己的举止，变得容易冲动。这是一种很不健康的心理，其实，青少年想要战胜这个心魔，非常简单，只有你愿意。

认识“恐惧”的真面目

产生恐惧心理的原因有很多，首先恐惧是大脑中的一种连锁反应。它由产生压力的刺激开始，到身体释放出多种化学物质结束。刺激物可以是一只从屋顶滑下的蜘蛛、一个坐满了要听你讲话的人的听众席，或是突然撞门的“砰”的一声等。恐惧心理的产生还与过去的心理感受和亲身体验有关。俗话说：“一朝被蛇咬，十年怕井绳。”在过去受过某种刺激，大脑中形成了一个兴奋点，当在遇到同样的情景时，过去的经验被唤起，就会产生恐惧感。

恐惧心理还与人的性格有关。一般从小就害羞，胆量小的人，长大以后就会不善于交际，孤独、内向的人，容易产生恐惧感。对青少年而言，需要面对着学习上的各种压力，心理承受能力也达到了巅峰，由于担心升学难、成绩总提不上去、下次考试怎么才能考好等问题，致使他们产生了一种普遍的恐惧心理。一般来说，青少年有了恐惧心理后，会有以下表现：

(1) 对于陌生人产生的恐惧。对于青少年而言，与陌生人见面往往会产生一些不自在的烦恼。甚至有很多青少年讨厌面对或是害怕面对陌生人，陌生人群就更不用说了。其实他们并不只是觉得害羞、不好意思，而是对自己以外的世界有着强烈的不安感和恐惧感。青少年由于人生阅历与经验相对较浅，平时在家里也总是受到不要与陌生人来往的叮嘱，因此导致了他们害怕与陌生人接触，这将严重局限他们的个人发展。

（2）对新事物产生的恐惧。其实，青少年对新事物产生的胆怯与个性是没有多大关系的，而是由于接触的经验不够，进而排斥这种事物的情形居多。而一般情况下，对于他们自己从未见过或是从来不懂的新事物或是知识，有自信心、有勇气的学生会激发起学习探索的兴趣和热情。而对于那些缺乏自信、自卑感比较重的同学会产生恐惧感。总担心自己掌握不了，害怕太难。于是，在心里就会产生一种排斥感，最后在见到这些东西后恐惧感就会一跃而出。

（3）对失眠产生的恐惧。小红现在读高三，这两年来，她经常失眠，但没放在心上，只是服了些安眠药。从上个月以来，在一次物理考试发挥失常后，失眠加重，整夜不能入睡，每到夜幕降临，就开始担心今晚又睡不着了，一上床就努力保持平静的呼吸，努力不思不想，难受得很。所以，她对夜晚产生了一种恐惧，害怕躺在床上，更害怕失眠。这就是因为现在的青少年学习压力大，长时间高度集中注意学习与思考，使大脑过于兴奋而难于很快平静下来休息，结果造成难以入眠的情况。这也是青少年失眠状况产生的一个重要原因。

（4）对考试产生的恐惧。也许你会因为数学考试没考好，受到老师的批评，被同学们瞧不起，而感到痛苦，恨自己为什么没考好。因此，以后对考试有一种恐惧感，一考试就紧张，就考不好。也许你过分重视考试结果，担心考不好，会影响升学，考不好同学会耻笑，考不好会挨父母训斥等等，这样时间一长，会在你心中形成恐惧考试的心理。这些对考试的恐惧心理会给人造成情绪低落、精神紧张、反应迟钝，考试失败的几率反而会大大增加。

跨越恐惧障碍，迈向成功

恐惧心理对于青少年来说是最不该有的心理障碍，它会阻碍你前进的脚步，会加重你的压力，它会让你的生活变得可怕……所以，越过恐惧障碍是你学习之外的又一大重任。一般说来，若能进行自我训练，累积与他人相处的经验，即使无法改变自己的个性，也不至于让心理遭受恐惧的袭击。也就是说，其实恐惧心理是很容易克服的，以下建议不妨用来参考：

（1）要战胜恐惧，就要提高自己的认知能力。一位心理学家说得好："愚昧是产生恐惧的源泉，知识是医治恐惧的良药。"所以，通过提高对事物的认知能力，扩大认知视野，判定恐惧源，是消除恐惧的行之有效的方法。只要通过学习，了解其知识和规律，揭去其神秘的面纱，就会很快消除对某些事物或情景的无端恐惧。

（2）培养自己乐观的人生情趣。可以从锻炼自己坚强的意志开始，通过学习英雄人物的事迹，用英雄人物勇敢顽强的精神激励自己的勇气。在平时的训练和生活中有意识地在艰苦的环境下磨练自己，培养勇敢顽强的作风。坚持这样做，即使真的有一天遇到了危险的情境，也不至于会一时变得惊慌失措。相反，你还会出奇的沉着冷静，并机智的去应付。

（3）平时积极参加有益活动，加强心理训练，提高各项心理素质。经常主动地接触自己所惧怕的对象，在实践中去了解它、认识它、适应它、习惯它，就能逐渐消除对它的恐惧。例如，有的青少年惧怕登高、惧怕游泳、惧怕猫、惧怕毛毛虫等，要勇于接触，才能够有效地战胜紧张和不安等不良情绪，提高心理适应和平衡性，增强信心和勇气，以无畏的精神克服恐惧心理。

（4）学会转移注意力。就是把注意力从恐惧对象上转移到其他方面，以减轻或消除内心的恐惧。如果你觉得有点不安、紧张和害怕，就停下来莫再想象，做深呼吸使自己再度松弛下来。完全松弛后，重新想象刚才失败的情景。若不安和紧张再次发生，就再停止后放松，如此反复，直至心理的情景不会再使你不安和紧张为止。如果不正常的恐惧心理没有得到及时克服，就可能进一步发展为恐惧症。

（5）多与人接触。一般情况下，很多青少年在与陌生人见面时都感到不自在，受拘束，原因之一便是觉得无话可说，找不出话题的约会的确令人乏味。其实，此种想法并不正确。与陌生人会面的恐惧心态，与第一次尝试没吃过的食物有点相似，大多基于自我保护的心态，所以绝不愿多接触素不相识的人。为加强自我训练的信心，不妨先做心理建设，常常提醒自己多接触陌生人物，借以改变自己的人生观，以及增加人生乐趣。

13. 不做墨守成规的乖学生

墨守成规的意思是指思想保守，守着老规矩不肯改变。在当下，如果你还是保持着墨守成规的做事心态，就好比鱼儿失去了河水，画面缺少了色彩，你的人生将会出现许多磕磕碰碰。青少年在学习的过程中墨守成规，无疑是将自己推向了死胡同。作为新世纪的青少年，要想在学习上有意想不到的收获，打破墨守成规的思想是必不可少的。它不仅是帮助你走出困惑的指南针，同时也是创新不可缺少的必要条件。

心理学家和研究创造力的专家加里·菲茨吉本说，“任何人都可以打破他们的精神枷锁，成为自由思考的人，能想出令人赞叹的好主意和解决问题的新方法。”但关键是你要认识到这些法则的存在，然后用正确的新思想打破这些法则。他说，从某些意义上讲，这就是回归童年。那时候，你在玩游戏时，会不断制定出新的规则。

不要墨守成规地想问题

有两个和尚要从一座寺庙走到另一个寺庙，他们在行走的路上，遇到了一条河，由于刚下过暴雨，河上面的一座小桥被涨高的河水冲走了，但是河水已退，他们两个决定涉水而过。

这时，刚好有一位妇人经过，她也急着过河对面去办一件事情，但又怕被河水冲走。

第一个和尚立刻背起妇人，涉水过河，把她安全送到对岸。第二个和尚接着也顺利渡河。

两个和尚默不作声地走了好几里路，第二个和尚突然对第一个和尚说："师傅教导我们不近女色，刚才为什么还要送女子过河呢？"

第一个和尚淡淡地回答："我早已把她放下了，你却为什么还放不下呢？"青少年朋友在学习的过程中，也应该学习第一个和尚勇于担任事情的行为，而不要像第二个和尚，轻易地就被一个成规给束缚住了。墨守成规是成功路上的绊脚石，真正有创新精神的人，骨子里的本质上流着叛逆的血。

墨守成规的思想无疑会限制青少年的发展，将使你永远落后于人，永远呼吸不到新鲜的空气。可见，墨守成规可以害死人。所以说，青少年朋友不要被墨守成规束缚住了手脚，大胆地说出自己的想法，大胆地去做，创造新的规则，同时也在创造着自己的人生。

放下成规，寻求新规

规则是前人们总结出来的，我们应该怀着尊重的态度去看待。但在今天这个日新月异的时代，一些老的规则用来解决新的问题，很可能就行不通了。所以，我们要勇于放下成规、打破成规，去寻找新的规则。

青少年朋友们都知道“曹冲称象”的故事。曹冲的思维力很强，其中关键的一点就是，他没有墨守成规地去想问题，而是换了一个新方法，轻而易举的称出了大象的重量。他的思维能力很强，对问题能够提出创造性的见解，别人没有想到的，他却想到了。不墨守成规，换个角度去看待问题，这不仅是解决问题的一种方法，也是创新的要求。

做任何事情都不是一成不变的，所以，青少年朋友要用变的眼光去把握一切，才会在生活与学习中取得成就。

12 岁的希拉里住在缅因州一个农村小社区里，她是一个学业天才儿童。不仅在学业上，而且在美术领域都具有天才儿童特有的社交和情感特征。

她不是一个循规蹈矩的人。这一点从她对玩耍的兴趣上就可以看出。当她还是个小姑娘的时候，她就拒绝玩洋娃娃。青少年时，她对男孩和服饰都不感兴趣，并且对主流文化嗤之以鼻。她不讲求物质享受，也不喜欢花钱。*12* 岁时，她成了素食主义者，还自认为是假小子和女权主义者，并对此非常自豪。她针砭时弊，尤其关注社会的不公现象和女性的不平等地位。她甚至在演戏时仔细计算对比男演员和女演员的台词量，然后告诉导演，男孩的台词比女孩的多。

她不是一个乖学生。即使是在天才青年中心暑期学习班里，她也敢对老师提出质疑。她觉得她的戏剧老师不愿意接受其他有关对莎士比亚的评论。“评论家们怎么知道莎士比亚究竟是怎么想的呢?”希拉里挑战说，“或许他所写的正是他所想的。”然而，戏剧老师却说她所介绍全都是一些权威学者的解释。虽然老师们会对她的“奇思怪想”感到愤怒，但是他们也不得不说：“她做的好极了!”她的独立思想与不墨守成规的态度以及有主见的个性，很自然让她成为了学校里的佼佼者和带头人。

循规蹈矩的人不容易犯大错误，但是也难于成就大事业；不墨守成规和有主见的人，才容易取得令人瞩目的成就。青少年朋友要善于发挥自己的奇思妙想，不要被生活与学习中的条条框框所束缚，勇于提出自己的观点与见解，让自己的思想真正的迸发出卓越的光彩！

14. 敢做第一个吃螃蟹的人

现实生活中，人们总习惯去走别人走过的路，少数服从多数的理念认我们偏执地认为大多数人走过的路是不会错，这也是为什么成功者比失败者少之又少的原因。追风、跟随者、随大流，传统的想法只会冻结人的思维，阻碍前进的脚步。

成功人士的经验告诉我们：想不寻常的问题，走不寻常的路，凡事快人一步，是获得成功的保证。所以，青少年们要想为成功扬帆起航，就要多留心生活善于观察，勤于思考，敢于创新，才能抓住机遇。对于渴望成功的青少年来说“敢走别人没走过的路”的精神是非常可贵的，成功的人都是第一个吃螃蟹的人，他们总是先例的破坏者。而正是敢尝试别人没尝试过的东西，才成就了自己辉煌的人生。

敢走别人没走过的路

有一个糖果商，虽然拥有自己的糖果厂和经销部，但由于规模太小，加上各大厂商的竞争激烈，生意很是萧条，如果不改变现状，工厂将面临倒闭。糖果商每天夜不能寐，但还是想不出有效的办法。

一天，他实在是想不出好办法，就一个人到街上转，不远处看到一群孩子在玩游戏，就走过去在旁边观看，马上就被吸引住了。

孩子们在做一个“幸运糖”的游戏，规则是：把一些糖果平均放在几个口袋里，由一个人把一颗大家选出来的“幸运糖”随意的放进其中一个口袋里，然后所有人再随意选一个口袋，从中拿出一颗糖果，如果谁有幸拿到“幸运糖”，他就能享受特权，即他就是皇帝，其他人都是臣民，每人要上供一颗糖给他……看完这个游戏，他的脑子灵光一闪，想出一个好办法。

在当时，糖果的价钱只要 *1* 分钱，糖果商把自己的糖果改名为“幸运”，并在糖果包里包上 *1* 分钱作为“幸运品”，谁如果有幸买的装有钱币的糖果后，就可以免费得到里面的钱。而在其他的糖果包里放上众多可爱的小动物形象作为奖励。随后，糖果商开始不惜一切血本的做广告，大量投入生产，并在报纸、电台打出口号：“打开，它就是你的!”把“幸运”糖描说成是一种能给人带来幸运、带来惊喜的物品。果然，由于方法奇特新颖，又抓住孩子们的心理，他的糖果一时闻名全国，销量也迅速涨了几百倍。就在“幸运”糖果走红时，其他的一些糖果商也都纷纷模仿，虽销量也有所提高，但都无法与之相比，很快的，“幸运”糖果就为他带来了巨大的财富，成为糖果业第一个吃螃蟹的人。

每个人的道路虽不尽相同，但人人都想成功，虽然有的人成为科学家，有人成为百万富翁，但多数人则是平平淡淡走了坎坷一生，甚至一事无成。为何有如此大的差别，或许你会说，那些科学家、发明家是天才、遇到好机遇，但你可曾发现所有的成功人无不是善辟蹊径，敢于创新的人，他们懂得运用自己的思维，走别人没走过的路，做别人没做过的事。他们知道，如果不能领先他人，而是一味地去跟随别人的脚步，那么就永远只有做“第二个吃螃蟹的人”。

鲁迅先生曾称赞："第一次吃螃蟹的人是很可佩服的，不是勇士谁敢去吃它呢?"随着信息时代的到来，当今社会的竞争也越来越激烈，善辟蹊径，思维创新已成为引领时尚，引领潮流，引领各行各业发展的力量。如初升太阳的青少年，自己的人生路刚刚起步，拥有创新的头脑，有敢于冒险的勇气，是改变命运，让自己与众不同所必备的根本。你或许没有显赫的门庭，也没有聪明的大脑，只是众多人中一个普遍平凡的人，但创新并不需要天才，只要你有独到的眼光，去观察去发现，找到其他人所没有看到的，只要你敢想敢做，抓住脑中灵光的一闪，抓住难得的机遇，敢做第一个螃蟹的人，你就已经成功的一半。

成功就要比别人快一步

人人都坐过公交车，当然青少年也不例外。当公交车停下来时，所有人都会争先恐后的往车门挤，因为你只有比别人都快一步，才能第一个上车，才能抢到最理想、最舒服的位置。同样的道理，人生不管做什么事，都要有抢先一步的意识，所谓快一步海阔天空，慢一步处处被动，谁抢占了先机，谁就掌握了主动权。我们常会说，机会只会垂青有准备的人，而快一步的目的就是为了让自己能够比别人早一点做好准备，等到机会来临的时候，能抓住机遇，获得成功。

拿破仑曾说："我的军队之所以打胜仗，就是因为比敌人早到5分钟。"的确，比赛中的冠军只是比别的选手提前一步到达终点而已，而这提前一步的结局却有着天壤之别。

比别人快一步，看似简单但做起来并不容易。人们对于习以为常的事总是习惯遵循传统观念的想法，按照常规去做去思考，如果一个人的思维时时受到传统思维定势的影响，不敢去改变，还如何做到比他人快一步呢？一个人的不成功并不是因为能力有限，而是缺乏独到的眼光善于抓住一个机会并去发掘开拓，也就是说，比别人快一步的前提就是要有打破常规的创造性思维，敢于不断开拓创新。就如比尔·盖茨，正是想到了计算机会崛起的必然趋势，才退学改行从事计算机，领先一步，抢占得先机，才使他走在时代的最前沿，取得巨大成功。

世界首富比尔·盖茨曾说过：“让思想永远走在年龄的前面。”的确，对于任何一个人来说，只有创新才会使自己充满活力，只有创新才能使自己不断改进，化劣势为优势。青少年正是学习知识，蓄备能量的重要阶段，一定要有想常人不敢想，做常人不敢做的创新精神，才能紧跟时代的步伐，开启梦想之门。

15. 敞开心灵接受失败

当分歧出现后，选择逃避是最愚蠢的方法。

人生，更像一部见证自己生命的史书，它记载着你历经的沧桑寒暑，或悲或喜，或辉煌或平淡，它是无法修改也无法修补的。处于青春期的青少年，正处于人生的一个重要的过渡阶段，心灵、情感、梦想由此开始萌发，生活中的烦恼和迷茫就像是一夜之间从天而降。这时的你正被极度的自卑、沉重的压力、青涩的情感等困扰着，也许正想着去逃避。其实，面对这些，最重要的是调整好自己的心理异常，勇敢地去面对，方能走出属于自己的一片天。

在这个世界上，每个人都喜欢成功，不想失败。可是生为世人，需要为自己的追求而奔波四海，在这个过程中，多多少少的总会遇到一些棘手的问题致使你失败、一无所有，也许你会因此而丧失信心，因此而一蹶不振。

古人云："不经一番寒彻骨，怎得梅花扑鼻香"。失败是每个人都会遇到的，关键是你要怎样正确的看待失败，从失败中汲取经验和教训、把失败当作成功的阶梯，在这样的勇敢者面前就永远不会有失败；反之，被失败压垮或在失败中消沉，失败将紧随于你，使你的人生一事无成。所以，面对失败，不要害怕，一切都可以重新开始，希望就在前方。保持一颗乐观的心态看待失败，只有这样你才能永远立于不败之地。

失败是人走向成功的必经之路

人活世间，我们所走的历程，大部分是由层层叠叠的挫折、失败所堆积起来的。其实，失败都是常事，很多人们都是在起落不定、得失无常中，感受着皆大欢喜、痛心疾首。或许我们很迷惘，或许我们很堕落，但在迷惘和堕落后；必须要恢复理智，好好面对现实、应变生活。

张健是一位有理想、有抱负的学生，在大学里他所学的专业是食品工程，而且他对于整合食品营养方面都颇有见识和看法。

20世纪80年代末，他刚刚毕业就找到一份月薪2000元的工作，而且还是对口的食品厂的科研工作。但是他不甘于就这样为别人做事，他想有自己的工厂，有自己的事业，于是，他放弃了这份高收入的工作，搞起了粉丝加工生意。很快，他的工厂就建起来了，没想到的是，由于选择的产品其工艺技术有问题，生产出的粉丝质量不过关，极容易断，虽然已经找到了解决的方法，却没钱把粉丝厂继续办下去。就这样，他把自己所有的积蓄和借来的十几万元赔得一干二净，他的第一次创业则以失败而终止。

失去事业的张健还是不服输，又开始了他的第二次创业。这次他重新选择一种效益不错的项目——开发新品种肉松。刚开始的时候生意还不错，获得或多或少的利润，还还清了以前所欠下的债务。但好景不长，肉松市场的假冒伪劣产品也越来越多。当时，在他厂里所做的肉松一斤的成本价格就需 13 元左右，而市场上的一些假冒伪劣肉松才卖 9 元钱，这样一来他的产品就没有了市场，很快第二次生意又以失败而关门。

“屡战屡败，越挫越勇”，这八个字用来形容他是最好不过的。在经受前两次打击之后，他仍不服输，不向失败低头，再次开始了他的第三次创业。这一次，他开了一家早餐配送中心，正应验了“失败是成功的积累”这句话，他终于成功了，而且还在当地小有名气。

没有输过的，不算赢家，常在江边走的，哪能不沾湿鞋跟。事实告诉我们：失败是人走向成功不能缺少的经历，失败是人必须学习的一件事，不要用“不可能”、“不行”来否定自己，更不要害怕失败，挫折是暂时的，鼓起勇气，去战胜新的困难，去迎接新的明天。只有仔细回味把握人生挫折，才能真正领会感悟人生的乐趣；只有敢于挑战艰难挫折，才能真正地改变自己的命运；有起起落落的成功与失败，有输有赢，才是完整的人生。也只有在战胜了人生挫折以后，才能使自己变得更加强大，真正走向成功。

而那种自甘堕落的态度只是对失败的一种逃避。在遭到惊涛骇浪的袭击时，越是拼命挣扎，越容易被巨浪所吞没。身处挫败之中就必须以最大的勇气去作拼搏。人生的困难和挫折对每个人来说，都是难得的考验。越是抱有宏大的理想的人，越会遇到更大的困难和失败。困难和挫折是自己的一面镜子，只有照到你，你才会看清自己、认识自己，并从而得到进一步的成长。正如一位哲人所说：“失败是人生中的引路灯，是指明成功方向的大坐标。”

正确地看待失败，允许自己失败

人的一生不可能是风平浪静的，总会或多或少的遇到一些阻止自己前进的障碍物。至于是搬开石头继续向前走，还是绊死在一块石头上，完全在于他自己的态度。同样是一次失败，有些人开怀大笑，认为那是自己最成功的事情，因为他很清楚，同一种错误他不会再犯第二次，所以他们总以“失败是成功之母”为座右铭；另一部分人，面对失败便心灰意冷，不断的回想着自己的失误，生活在回忆的阴影之中。所以他们总会论：“我的天空在下雨。”

不经历风雨怎能见彩虹！失败是步向成功的垫脚石。人完整圆满的一生中，在一个生命周期的轨迹里，必定要亲身经历多次失败，必定要经常品饮失败的苦酒，必定要时常抚摸失败创伤的心灵斑痕。一个人的一生，没有经历过失败的一生，是不完整的一生，是不成熟的一生。

真正成功的人是那些面对人生的挑战，不断在逆境中寻找生存机会的人。作为一个有志向有理智的青少年，应该学会客观的去看待成功与失败。“成功”和“失败”是可以互相转化的，只有经历过“失败”才能体会“成功”是何等的珍贵；也只有在“成功”后才会知道“失败”的意义。“成功”的背后是用“失败”砌成的台阶，如果没有这一层一层的台阶，可能只会永远呆站在原地，无法迈出任何一步。

所以，青少年应该正确的看待失败，要允许自己失败，不要把失败看成是一种不可挽回的错误。“塞翁失马，焉知非福”。也许一次失败，会成为重大转折，反而给予你人生辉煌的动力。此时此地的失败不代表彼时彼地的失败，今天的失败不代表明天的失败。用这种泰然处之的心态对待失败，就会不停止地奋斗和努力，最终获得成功。

16. 以从容的态度面对人生

从容：表宏大、久远、深邃。从容是一种境界，它深藏于宇宙和历史的不尽时空中。人生离不开从容。慢慢人生之路，难免挫折和困难，逃避不是解决的办法，惟有从容地面对，方是解决之道。

快乐就是一种从容

从容是一种进取。“一万年太久，只争朝夕”是它的精髓。日常生活中，如果没有“争取”，也就无所谓从容。“采菊东篱下，悠然见南山”不是从容而是闲适；“孤舟蓑笠翁，独钓寒江雪”不是从容是志趣；蛰居桃园，与世无争，不是从容是避让；穷经皓首，范进中举，不是从容是愚顽；精神胜利，阿 Q 骂娘，不是从容是自欺。从容是“天生我才必有用”；从容是“天将降大任于斯人也”；从容是“舍我其谁”。

从容是一种快乐、一种自由。从容的人生是自我解放的人生，是由苦闷的人生向快乐人生不断迈进。说到从容，我们自然而然就会说到“从容不迫”。由此可见，从容是在“迫”（急迫、紧迫、压迫、强迫等）的情形下的一种不屈不就、不昏不乱、不慌不急、镇定自若、安之若素、稳如泰山的心理素质和精神状态。让青少年去学会面对生活及学习上所遇到的困难和挫折。

从容面对，转机就在背后

面试在一个大礼堂进行，几十个学生被分成 4 人一个小组，每个小组有一个面试官。面试过程很“残酷”，只要不入面试官的法眼，或是答不上面试官的提问，面试官就会说：“你可以走了”，也就是被当场淘汰。

那天和李凤分一组的是另外3个男生，刚走到面试官面前还没来得及坐下，面试官只瞄她我一眼就冷冷地对她说：“你可以走了，我觉得你不合适！”

她很震惊，当时她并不觉得很没面子，当时心里满满的是不服气：“你根本不认识我，凭什么看一眼就认为我不合适，凭什么就让我走？”不过，当时她没和面试官理论，也没有和他说什么。

另外3个男生都坐下了，当时她不管他们是怎么想的，她也坐下了。面试官到底没赶她走，只是当她不存在，然后开始对着其中一个男生发问：“你最得意的一件事情是什么？”可能是因为紧张，那个男生竟不知如何作答，支支吾吾地说自己还没有工作，也没有做出什么特别的成就，所以也没什么得意的事。她当时心里很着急，觉得他的回答有点偏题，她可不愿意他在第一道坎上就被淘汰。于是在边上悄悄地提醒他：“你可以说一件在学校里做过的你自己感到最满意的事情……”

面试官看了她一眼，她当时也不以为然：你不至于给我加上一条作弊的罪名吧，这种时候该帮人一把的。反正我已经是“不合适的人”了——这应该就叫“无欲则刚”吧。

不过，接下来的形势可不容乐观，3个男生相继被淘汰了，最后桌前就剩下她一个。面试官还没跟她对上话呢。不过，到现在看上去面试官是有话要说了。她还是不动声色。终于面试官开口了：“那3个人应该是你的竞争者，可我刚刚看你一直在帮助他们，你为什么要帮助他们？他们答不上来不是对你更好？如果他们都淘汰了，岂不是你的机会就来了？”她说：“我不以为他们是我的竞争对手，如果都能通过面试，将来大家可能还是同事，有困难自然是要帮一下的。”

对她的回答，面试官不置可否，却又拾起了先前那个话题：“我刚刚已经对你说，你不合适，你可以走了。可你为什么不走呢？”

机会来了，该是她说话的时候了。她的“不满”终于有机会宣泄了，她说：“我觉得你并不了解我，所以，我要留在这里给你一个了解我的机会。第一，我非常仰慕华为，因为我被华为的企业文化和用人理念所吸引，所以我很郑重地投出了我的简历，也很高兴能参加这次面试，可是我完全没有想到我遭遇到如此当头一棒；第二，我还想对你说一句，我认为你的态度对一个面试者来说很不友善。因为今天我是面试者，明天我可能是你们的员工，我更可能是华为的潜在的客户；可是你今天这样不友善的态度给我留下了深刻的印象，今天我可能成不了你的员工，但明天我可能不再愿意成为华为的客户。第三，你的不友善今天影响了我对华为的看法，明天还有可能影响到我所有的朋友对华为的看法，你知道，你可能赶走了不少你们的潜在客户！”

面试官笑了，对她的表现非常满意。因为从一开始，其实面试官早就给她出了一道面试题：如何面对挫折。要知道，这次招的是销售员，在未来的工作中，她面对的会是无穷无尽的拒绝和白眼，人家的态度可能比这位面试官差好几倍。如果他连面试的还算礼貌的冷脸都无法面对，那她将来如何面对未来的困难呢？

另外，面试官对她在面试中愿意帮助别人也表示认同，这恰恰显示了她的团队合作精神。她这才恍然大悟，对面试官的态度表示赞同，也为自己顺利通过了面试感到高兴。

其实，我们在面对事的时候，不用理会他人的看法，只要觉得顺着自己的心就可以了，就像这位大学生一样，把自己心里的不服气都说出来，不管面试官听不听，只要自己愿意想说什么就说什么，而其他 3 个都被淘汰了，最后没有想到面试通了。所以，遇到困难不用去想的太多，想干什么就干什么，想说什么就说什么，未必不是一件不好的事。

17. 跌倒了站起来

“当代保尔”著名作家张海迪说：即使跌倒一百次，也要一百零一次地站起来。人生的道路，漫漫兮其遥远兮，多少人跌倒在这条路上，就再也没有爬起来；多少人把这条路看得遥远可怕，以为是不可登的，这是弱者的表现。可是，又有多少人跌倒后又站了起来，同样可以笔直地站在蓝天下，继续前行，这样的人是强者。青少年，你是愿意做一个弱者还是强者呢？相信没有人愿意承认自己是弱者，更不愿意做弱者。

摔倒了，勇敢地站起来

成长的过程中，父母是青少年手中的一把拐杖。所以，在学走路的过程中，摔倒了，青少年总会有一种侥幸的心理——父母一定会来扶起自己。而被扶起来的你也就产生一种依赖性，不能够锻炼自己的能力，更学不会坚强。这种依赖性是非常可怕的。

人总要离开父母的扶持去开创自己的人生。在迈出“依赖”怀抱的第一步，对于青少年来说，也许要经历无数次的摔跤，经历伤心失意、困难挫折，这些都是在所难免的。而这时候，要学会勇敢地去面对现实，从“荆棘”的人生中走出来，要记着：即使摔倒了一百次，也要有勇气一百零一次站起来。

在人生这个大舞台上，很多东西需要青少年学会面对，比如，复杂的人际关系、繁琐的事情等一系列的问题，都要等着你们来处理。这时候，不能再像小时候的摔跤等着父母来搀扶你；这时候，你们要做的就是跌倒了，怎样想办法站起来。俗话说：从哪里跌倒就从哪里站起来。永远不要总去等待他人的帮助，一次次的摔跤后，拍拍身上的灰尘，抖擞抖擞精神，继续前进！要知道，世上从来不曾有什么“救世主”，命运把握在自己手中，在挫折中奋起才是生活的“真谛”！谁不是受伤后学会了坚强，谁不是跌倒了才知道站起来的“英姿”？挫折会让一个人成长并走向成熟。

青少年朋友们，无论面对的挫折有多大，都要勇敢地去克服它。最终，这些挫折会向你低头，向你屈服，你就再也不用跌下去，牢牢地定住脚，因为你已经到达了成功的彼岸。没有什么能够比得上此时的喜悦。

其实，在生活中谁都会遇到困难和挫折，谁都有跌倒的时候，可我们不能被它们所打倒！即便失败了，也要站起来重新来过！因为下一次我们一定可以成功！学会自己勇敢地站起来，面对“多彩”的人生，这就是我们的与众不同。在我们人生的道路上，有成功也有失败，有快乐也有悲伤。但摔倒了再爬起来，仍不失为大将风度。不要躺在地上呻吟或后悔而不再起来，那样做是不明智的。因为，在生活的道路上谁也救不了你，只有勇敢地站起来坦然面对，才是生活中真正的强者。

100 次跌倒，101 次站起来

在生活中，每个人都在为成功而拼搏，也都经历了成功背后那说不清倒不完的艰难险阻，而这些需要靠自己的自信和毅力来征服它。如果在这条坎坷的道路上，你跌倒了一百次，这时的你害怕了，退缩了，因为你怕第一百零一次的再次跌倒。这样的想法是消极的，错误的，为什么不想一下一百零一次站起来后的结果呢？

俗话说：自古名人多磨难。自古以来，有多少名人经历过“九九八十一难”而取得真经。名人之所以成为名人，大多经过逆境的种种磨难。他们面对逆境，不怨天尤人，不哀叹哭泣，咬紧牙关，奋力抗争以不屈不挠的斗争精神，战胜逆境，成为胜利者。

亲爱的青少年朋友们，你们暂且不用先为“名人”而拼搏，应从做一个“胜利者”、一个“强者”开始。要知道，人生的历程，大体逆境占了十分之六七，顺境也占了十分之三四，而顺逆这两种境遇又常常是相互交替着轮流出现。无论事情是大是小，必然会遇到几次乃至十几次的阻力，这种阻力虽然有的大有的小，但总之必定是不可避免的。

试问一下，在铺满荆棘的道路上，谁没有摔倒过？与其终日躲在避风港里，倒不如出外受一点狂风、暴雨的袭击。只有这样，人们才会勇敢的去面对挫折、坎坷，也只有这样，才会领悟人生的真谛。

每个人在一生中都会有无数次地跌倒，可是，跌倒后，大家又将如何去对待呢？当你们摔倒时，只要仰望天空，便会发现今天的天空蓝蓝的，并广阔无边地向着你们微笑。或者，把手放在胸口上，去感觉自己的心跳，然后对自己说：“站起来才是强者。”

作为强者，就要跌倒后不等他人来扶，而是在跌倒的过程中，学会吸取经验，真正体验一把爬起来后那种成就感：原来我是可以站起来，我自己也可以做的很好！常言道：“吃一堑，长一智。”正是如此。可有的人为什么不敢自己爬起来呢？是怕爬起来还是怕人耻笑？胜利者有胜利者的潇洒，失败者也要有失败者的风采。

青少年们，经历过磨练的你们，才会不怕艰辛，勇于摆脱逆境，才能走上完美的生命之路，一时陷入逆境并不意味着失败，站起来，勇敢地走下去！走着生命的路，像品尝一杯清茶，仔细品味才能尝出香。

摔倒了，再站起来！

不要再为昨天、今天的摔跤而悔改，因为明天还要继续，摔跤的朋友，请试着自己站起来吧！争取做生活的强者，扬起信心的风帆，乘风破浪，像高尔基笔下的海燕，勇敢的接受暴风雨的洗礼！

18. 绝不因为挫折而放弃行动

如今的青少年们，在享受着独生子女的优越条件的同时，也承受着不同寻常的压力。父母的期望、无形的压力经常压得青少年喘不过气来。

青少年中所谓挫折，就是指日常生活中的挫败、失意，在心理学上是指个体在从事有目的活动中遇到的障碍、干扰，致使个人目标不能实现，个人需要不能满足而引发的一种消极的心理状态，挫折感是一种普遍存在的心理现象，青少年无论在生活上还是学习上都会遇到许多不同的挫折。面对失败，面对挫折，面对黑暗，相信只要心中充满阳光，就能走出一条光明的道路来。因为，面对失败与障碍，光明是不怕一次又一次挫折的。

现实不因为逃避就不存在了

春天是生气勃勃、万物复苏的季节，美丽的春天就像我们的青春一样，春天美丽的景色就像我们如花似玉般的花样年华一样，春天的短暂就像青春时节的短暂。俗话说的好：”一日之计在于晨，一年之计在于春。”我们正处在朝气蓬勃的青春时节，我们应为以后的美好生活而努力学习，去实现自己的理想。当春天的小草被我们踩了一次又一次，它们是多么坚强，总是不向命运低头，一次次地将被我们踩弯了的身子挺直。我们学习不也应该是这样吗？不怕失败，勇敢地面对挫折。这一次考试失败了，怕什么，再来，回去好好复习，不会的多问同学和老师，找出失败的原因总结经验，再考过，百折不挠，坚持不懈，总有一次会成功的。如果只想逃避这些，下次考试照样是失败。所以，青少年要学着去面对这些人生挫折，然而找出原因，解决它。

勇敢地面对挫折，挫而不败，坚持不懈地去努力，去孕育理想，为理想而奋斗，只要不相信自己会比别人差，就没有人会把我们打败，那个打败自己的人只有自己。

一位女作家在纽约街头遇到一位卖花的老太太。她看上去穿着破旧，身子也很虚弱，但脸上却满是喜悦。女作家很好奇挑了一朵花，说：“您看上去很高兴，有什么很高兴的事吗？”“没有，但为什么不呢？一切都这么美好。”“您很能承担烦恼，忍耐困难，”女作家又说。老太太的回答更令人吃惊：”耶稣在星期五被定在十字架上时，那是全世界最糟糕，最黑暗的一天，可三天后就是复活节了。所以，当我遇到不幸时，就会等待三天，一切就恢复正常了。”一位如此平凡的卖花老人，却拥有一颗多么不平凡的不怕挫折的心。她用一双积极向上的眼睛面对生活给她带来的苦难。曾经听过这样一句比喻：“每个人的心都像一个水晶球一样，晶莹剔透，若遭遇不测，忠于生命的人，总是将五颜六色折射到自己生命中的每一个角落。”事实也确实如此，当遭遇到挫折时，当陷入苦难无法自拔时，不要灰心，不要绝望，无论已经失去了什么，你仍然拥有你最珍贵的东西，那就是生命。请站在镜子前露出微笑，因为当你微笑的时候，世界上的一切也在对你微笑，快乐就会重新出现，苦难就会过去。时间终究会冲淡一切痛苦，一切伤痛，一切不如意都会成为过去。

我们每个人的成长过程都是既曲折又坎坷的，总是伴随着辛酸与泪水。而挫折好比一块锋利的磨刀石，我们只有经历了它的磨练，才能闪耀出夺目的光芒。“不经历风雨，怎能见彩虹？”经历了挫折的成长更有意义，有时候挫折是一笔财富，多少次艰辛的求索，多少次含泪的跌倒与爬起，都如同花开花谢一般，是我们人生道路上一道靓丽的风景。成长的过程好比沿着沙滩行走，一排排弯弯曲曲的脚印，记录着我们成长的足迹，只有经受了挫折，我们的双脚才会更加有力。古人云：“故天将降大任于斯人也，必先苦其心志，劳其筋骨，饿其体肤，空乏其身，行拂乱其所为”就是这个道理。

以积极的态度面对挫折

如今的青少年大部分都是在非常顺利和倍受宠爱的环境中长大的，所以，抗挫折的能力都很低，在学习和生活中经不起任何挫折。另外，青少年的情绪容易产生波动，一旦遇到什么挫折和不幸，极易悲观失望，灰心丧志，不知道如何面对挫折。

我们生活在这个世界上，就像天气一样，有阳光，就必定有乌云；有晴天，就必定有风雨。人生也是如此，不会一帆风顺的，但是从乌云中解脱出来的阳光会更加灿烂，经历过风雨的天空绽放出的彩虹会更加美丽。

在学校测验中，一些考试失利的学生，特别是高考之后，一些落榜生的情绪极度消沉，不愿与任何人说话，不愿面对任何人，甚至失去生活的勇气。实际上，每个人的人生之路都是有坎坷的，主要取决于你如何面对，古今中外，任何一个人在成长的道路上，都会遇到这样那样的困难和挫折，挫折感是普遍存在的一种心理现象。英国哲学家培根说过：“超越自然的奇迹多是在对逆境的征服中出现的。”那么作为青少年应该如何面对挫折呢？

（1）要明确挫折是任何人都不能避免的，它具有普遍性，客观性。当设立的目标与实际产生差异时；当尽了最大努力还不能完成看来似乎不太高的目标时；当观念与社会相抵触时；当认为合理的要求不能满足时；当升学考试落榜的现实降临时等，都会感觉有一种挫败感。其实，只要摆正心态，这些都不能使我们停下前进的脚步。鲁迅也曾彷徨过，贝多芬还曾想过自杀，但他们都顽强地战胜了自己的消沉和迷茫，通过自己的努力，最终坚定地走向成功。

（2）要明确挫折并不可怕，挫折和磨难，可以给人造成打击，带来悲伤和痛苦，但也能使人变得坚强起来！曾经听过这样一句名言：“人的生命似洪水在奔腾，不遇岛屿和暗礁，难以激起美丽的浪花。”举个例子：春秋时期的越王勾践，被吴国打败后成了吴王的奴仆，他并不就此灰心丧志，而是卧薪尝胆。最后他率众如愿以偿地打败了吴国……因此，不要害怕挫折，只要吸取教训，不被困难打倒，不放弃自己的行动，就有重来的机会，在新的起跑线上搏击，去争取下一个的胜利！

（3）当面对挫折时，要善于进行心理调节，保持良好的心态，摆脱挫折感。法国著名作家罗曼·罗兰说：“人生是一场无休止的激烈搏斗。要做一个真正的人，就得随时准备面对无形的敌人，面对存在于自己身上能致你死地的那股力量，面对那乱人心智引你走向堕落和毁灭的糊涂念头……”所以，当挫折来临时，正确地面对挫折，不要因为挫折而放弃自己的行动。否则，我们所做的努力就全都白费了。

作为新一代的青少年，我们是祖国的未来，要努力学习，相信没有过不去的河，勇敢地面对挫折，绝不因为一点小小的挫折而放弃自己的行动，那样我们就显得太懦弱了。

19. 坦然面对拒绝

我们每个人都可能有过被拒绝的经历。比如，儿时买一件玩具被父母拒绝；少年时一份纯真的友谊被朋友拒绝；青年时执著的情感被恋人拒绝；工作中合理的要求被领导拒绝……每一次被拒绝的经历对于我们都是不愉快的记忆。其实，完全没有必要这么想。拒绝是人们生活中的一部分，在事业、爱情、友谊中遇到拒绝是最经常的事。从某种意义上说，一个人面对拒绝的态度，也是他面对生活的态度。

作为青少年，我们要知道拒绝是人生的一种常态，是生活中的一个重要组成部分。人们都是在拒绝中获得勇气，在勇气中克服困难，在克服困难中走向成功的。在我们的语言里，你可知有哪个字眼比“不”更刺人呢？试想，一位从事销售工作的人，做出10万元业绩跟做出2.5万元业绩有什么差异呢？其实，这其中的差异就在于如何能不因别人的拒绝而却步。一般情况下，一流的业务员往往是遭受拒绝最多的人，他们能把别人的“不”化成下一次的“是”，所以，他们成功。

拒绝是生活的一部分

何谓拒绝？有一位营销专家曾这样说：“每次明显的推销尝试，都会造成沟通上的抵制。”人们就是不喜欢成为推销和干涉的对象，当他们看到你走过来时，不一定总是躲着你，但他们会树立起其它形式的障碍，就是拒绝。

据心理学家的分析，很多的人都会对陌生事物的接受产生或抱着排斥的心理。其实，最主要的原因就是为人们都习惯于原有的状态，而不习惯于改变。比如：人们对推销员拜访带来干扰的抗拒；对改变自己以往习惯的抗拒；对推销员有成见造成的抗拒；对消费支出的抗拒；害怕被推销员缠住产生的抗拒；害怕上当受骗而产生的抗拒。人们的抗拒意识是客观存在的，是本能的防范意识，是一种自我的保护。我们应该做的就是正视它、接受它。

要知道拒绝是生活的一部分，是人之常情，对任何人来说，都会面对别人的拒绝，同样也会拒绝别人。拒绝时常会在爱情，友谊和生意场中发生，它使人受伤害。但是，如果你懂得它从哪里来，你就比较容易面对它。那么，青少年应该如何做到坦然地面对拒绝呢？

(1) 审视自己的是非观。面对拒绝时，你要认真思考什么是正确的，什么是错误的。只要确定你的选择是正确的，就要坚持到底！同时你还要寻找你做这个主意的最原始的动机，这样你才会获得充足的前进动力！

(2) 做好准备。多学习、多提高、学会主动与成功人士交往、学会主动向他人请教学习，以此来不断积累自己的经验，然后不断地去做，去行动。另外，树立一个使你快乐并愿意为之而奋斗的梦想，也有助于使自己坦然地面对拒绝。

(3) 尊重优秀，拒绝中庸。认真阅读有关励志方面的书籍，从中可以明白人只有在不断的成长中才能获得对拒绝的“免疫力”！如果你面对的拒绝的越多，你代表你越成熟，在心理上你越成熟，你成功的也就越快！

(4) 拥有真正的勇气。当你坦然面对拒绝时，你才会成长为一个优秀的人！面对拒绝时，能够始终面带微笑，是对拒绝的最好的回敬！

成功躲在坦然面对拒绝背后

没有人希望自己是被拒绝的，拒绝似乎意味着“失败”、“不成功”等字眼。所以，面对拒绝，人们有着不同的态度，而每个人承受拒绝的能力也迥然不同。有的人，因为害怕遭到拒绝而放弃了所有的追求；有的人，顶着压力锲而不舍，最终精诚所至，金石为开。其实，拒绝未必就是坏事，很多的成功就是坦然地面对拒绝之后而来的。

西尔维斯特·史泰龙，好莱坞武打动作巨星、好莱坞片酬排行榜中顶尖级的男演员及导演。其实，史泰龙能崛起于影坛也并不像我们想象中的那样顺利。他踏入电影界的过程是艰辛的，经历了一次又一次的拒绝，其中加起来前后共有千次之多。他跑遍了每一家电影公司在纽约的代理，可是都遭拒绝。不过他并不气馁，继续敲门，一再尝试！最后终于担纲演出《洛基》一片。

你可曾听说过有被拒绝过 *1000* 次之后，还敢去敲 *1001* 次门的人吗？你能忍受多少次别人说“不”呢？你有多少次因为不想听别人说“不”，而放弃了爬升的机会呢？你有多少次因为受不了别人说“不”因而不再去拜访一个新客户呢？……

你想一想，这是不是很可笑？只不过害怕再听见那个“不”字，就把自己给限制起来了。其实，“不”这个字并不可怕，它也不具备任何力量，而它却能把我们给限制起来，这是为什么呢？它之所以对我们产生限制的力量，这完全是我们自己造成的，是我们的内心造成的。正所谓当你有了自限的想法，就产生自限的人生。

想知道如何面对拒绝吗？现在可以试着让自己努力每听到“不”字便能振奋，可以试着把拒绝当成一个潜在的机会。当下次电话铃响起，千万不要让自己害怕拿起话筒，要以欢快的心情去面对另一个商战，别忘了成功是躲在拒绝后面的。

中岛熏先生曾经这样说：“当有人向我说‘不’的时候，我把它视为彼此关系的开始，而非结束。所以，一个星期后，我会再拨电话给那些潜在的客户，他们会问我新的问题，而每个人也给了我机会回答。由于我的不懈努力，没多久，我的客户开始挖掘出来了，不出所料他们也挖到了宝藏。对于大部分人来说，‘不’代表着结束，对我而言，那却是通往‘是’的起步。”

未曾遭遇过拒绝的成功是绝不会长久的，拒绝的次数越多，一个人就越成长，学的也就越多，就越能成功。所以，当下次别人再拒绝你时，你不妨上前好好的跟他握个手，这会改变他对你的态度，有一天“不”会变成“是”。只要你知道如何面对拒绝，你必能得到自己所想要的东西。特别是对于正处于人生十字路口的青少年来说，心理的承受能力还较弱，面对拒绝往往心情低落、郁闷的不行。这时更需要好好的调整自己的心理，学会坦然地面对拒绝，相信如果你能做到这点，离成功也就不远了。

作为青少年，在追求梦想的过程中你首先要学会的是面对拒绝。但是，你若是要成为真正的赢家，你必须学会接受拒绝和克服拒绝。

20. 有些弯路是一定要走的

在我们成长的过程当中，父母，老师，亲戚朋友或者其他长辈总是时刻提醒着我们，这条路行不通，那条路不能走。但张爱玲说，“有一条路是每个人非走不可的，那是年轻时候的弯路。”这弯路就是我们成长道路上所经历的困难和挫折，尽管“碰壁”、“摔跟头，碰得头破血流”也无所谓。因为我们年轻，因为我们有激情，因为初生牛犊不怕虎，我们不怕困难，不怕挫折，更不怕前面的路有多艰辛，我们会勇往直前，永不退缩。

走一些弯路，是生活的过程

在人生的路上，有一条路每个人非走不可，那就是年轻时候的弯路。不摔跟头，不碰壁，不碰个头破血流，怎能炼出钢筋铁骨，怎能长大呢?”

人生的路口有一条弯路是一定要走的，这就像彩虹的美丽必须要经历风雨的洗礼，梅花的清香必须承受寒风的抚慰，大海的波涛必须经历弯弯曲曲的小溪一样。有些事情，因为我们没有经历过，所以我们永远不会懂得其中的道理，我们只有尝试过才知道其中的滋味。因为没有经历过，所以我们总会相信前面的路会美妙绝伦，会充满惊喜与期待，我们用美好的思想去憧憬，对旁人的劝告漠然置之。所以，我们要去尝试，我们才能从中领略出生命的璀璨，生活无边的风景。青春不因逃避而停止前行，生命因大胆尝试而倍添精彩，让青春走走弯路吧，不让我们成为温室里的花朵，或许这路上没有鲜花与掌声，只有辛酸与泪水，但我们仍愿执著地前行，因为经历过也是一种幸福。

我们走在人生的道路上，到处都是荆棘密布，布满了艰辛的脚印，布满了辛勤的汗水，而且会在不经意间出现。人生有许多事只有经历了才明白，受伤了才学会如何保护自己，错过了才学会如何坚持与放弃，而我们会在失去和得到的过程当中，慢慢地明白。作为一名青少年，我们还小，在学习和生活当中不要想着走捷径，踏踏实实走好前面或许更复杂，更弯曲的路，不要怕，经历过以后，会慢慢长大，慢慢成熟，在这个经历当中，有我们永远也抹不去的记忆，它使我们的人生因经历过而更加辉煌。

人生中走一些弯路是必要的

常听人说“路直有人走，人直有人和”。这话听起来，似乎天衣无缝。

其实，路不一定是越直越好。据专家说：“在设计高速公路时，逢山要打隧道，遇水要架桥梁，因为谁都知道，两点之间，直线距离最短。但并不是将整个路程都修得笔直，这条路就是最好的。有时候，如果某段路太直了也不行，还得人为地使路弯曲。路太直了，随着路程的增长，其潜在的危险也会增加。那段人为设计的弯路，也就是我们所说的必要的弯路，很多人都很不理解，难道说高速公路不是越直越好吗？不就为了达到风驰电掣、畅通无阻的目的吗？为什么要有弯路？修弯路真的有必要吗？”

在大部分人的印象中，弯路并不被人所喜欢，大部分人都是尽量少走弯路，如果前面有弯路，总会竖立提示牌“前方有弯路，请小心驾驶”，有时候，为了安全起见，在弯道上横亘路障，强制性地限制速度，以减少事故发生。设计师认为，如果有太多的弯路，肯定不适宜高速，而如果高速公路直得像一条有头无尾的射线更是不可取的，若车速过快，那么交通事故就会频频发生，这就叫做“欲速则不达”。所以，要在高速公路上人为地设计出一些弯路，要让开车的司机知道，高速路不等于笔直路，也有弯道，得小心驾驶，不要为了一味的追求速度而忘了安全。高速路上设有弯路可以有效地降低行车风险，这些必要的弯路，虽然增加了里程，但同时也确保了高速公路的畅通，从大的方面来说路途反而“短”了。从理论上来说：“两点之间，直线距离最短”，是成立的，但如果用在实际的高速路上，反而觉得不太合适。

人生的弯路是一次真正触及灵魂的震动，没有经历就不能说自己明白，所以，下次面对弯路的时候，不要再逃避，勇敢地踏上去，从而让自己多此人生的宝贵的体验。

多走些弯路吧！人生的弯路其实是有必要经历的，每一次的经历都是一笔财富，可以被它打倒，但如果走过，也就没有什么大不了。的确，谁都会想要平平静静的过完一生，但人的一生中谁又不会经历大大小小的波折？

青少年们，现在我们还年轻，走一段弯路不算什么，只有走过人生中的弯路，才会明白自己，才会对他人有更多的包容和理解。

21. 走向竞争，直向成功

21 世纪是一个充满竞争的时代，无论你生活在何种环境，都离不开竞争。只有竞争，才有发展，竞争是社会发展的催化剂，是人

们取得成功的动力。现代社会，凡有人群的地方，无不充满了激烈的竞争，或明争，或暗斗，或强攻，或智取，勇者斗力，智者斗计。作为*21*世纪的青少年，在面对改革开放、科技进步和市场经济的大潮，必须培养健康的竞争心理，提升竞争力，这对自身的健康成长是大有好处的。竞争是青少年实现自我完善的一个过程，因为在竞争过程中，青少年需要不断地调节自身的思维、情感和行为方式，发挥自己的潜能。通过竞争，青少年才能认识到自己的力量，自己的不足，才能不断的进取。

竞争是成长的动力

每个人都有争强好胜之心，只有在和别人的相比之下，才能进步的更快。就青少年而言，竞争是实现自我价值而做出的不懈努力，从而使自己的优势得以充分挖掘和发展，将来为祖国贡献更大的力量。竞争让人们满怀希望，朝气蓬勃。这是一种健康的心理。

竞争是实力的展现。拥有丰富的知识，掌握比较多的技能，善于把握时机，敢于展示，才能表现为竞争能力。在社会上庞大的求职大军中，经常会出现这样的情况，在同等学历的毕业生中，或多一个外语能力、或多一个计算机能力、或多一个写作能力、或多一个公关能力等，都会引起用人单位的特殊兴趣，并先行选择他来从事某一职业。因此，培养竞争能力的重要前提是提高综合实力，而不仅仅是一种争强好胜的抽象意识。

竞争是人格的考验。竞争的目的是为了使人们在危机感中不断寻找拼搏前进的新的制高点，让每个人的才能得到充分地发挥，从而使人类的精神和物质财富得到空前的丰富。违背这一目的的行为就是不正当的竞争，充其量只能是对社会财富、他人利益掠夺的权术，是人格和道德的堕落。因此我们说，竞争是对人格的考验，所以，在学生在和他进行竞争时，一定要有一个正确的目的。

除此之外，竞争还会给人们带来以下好处：

（1）竞争能激发人的创造精神，它使人体能充沛，思维敏捷，反应灵活，想象丰富；

（2）通常情况下，人只能发挥自身潜能的20%～30%，而在竞争过程中，人处于紧张的情绪状态，这种情绪有利于个体潜能的发挥；

（3）通过竞争，能够使人们增强信心，从而树立更高的奋斗目标；

（4）竞争中的失败者通过总结经验，调整目标与行动方式，为进一步取胜打好基础。

在竞争面前，青少年朋友对待竞争对手的态度一定要诚恳，不嫉妒、不报复竞争对手，要敞开心胸告诉对手："我想赶过你，和你一样有成就，让我们一起努力吧！"拳王阿里曾说："谁能战胜我，说明拳击事业发展了，这是我终身的追求——发展拳击。"竞争是激活机体的活跃细胞，它带来进步的活力，使胜利者继续前进，失败者急起直追。对强者是鼓励，对弱者是鞭策，其结果是"你我他"的共同发展。

总之，在瞬息万变、纷繁复杂的社会生活中，青少年朋友一定要努力培养自身的竞争能力，保持良好的竞争态度，如此才能应对自如、稳操胜券。

培养正确的竞争观

在当今社会，受各种环境的影响，大部分的青少年都有着较强的竞争心态和成功欲望，但往往由于缺乏正确的竞争观、人生观的理论引导，再加上他们正处于心理发育不够完善的特殊期，对竞争容易产生错误的、片面的理解，认为竞争就是不择手段地战胜敌人，过分看重每次竞争的结果，或不能正视竞争的结果，致使竞争恶性化，从而阻碍了良性的健康的发展，引起心理障碍，损害身体健康，甚至造成事故或产生越轨行为，走上犯罪道路。因此，青少年树立一种正确的竞争观尤其必要。

那么，青少年应该如何培养正确的竞争观呢？

（*1*）要调整好心态。有的同学在学习上总是一味的担心别人会超过自己，他们总是焦虑地扫描着竞争对手的成绩，一旦发现对手的在某一方面超过了自己，心理就会“咯噔”一下，心跳加快，血压升高，久而久之便产生了嫉妒心理。这种不良的竞争心态对青少年的危害是非常大的。所以，青少年一定要对竞争保持一个良好的心态，要敢于接受挑战，积极地参与竞争。

（*2*）要对自己有一个客观的、恰如其分的评估，努力缩小“理想我”和“现实我”的差距。在制订目标时，既不好高骛远，又不妄自菲薄，要把长远目标与近期目标有机地统一起来，脚踏实地、一步一个脚印地做起，这样才有助于“理想我”的最终实现。

（*3*）要在艰苦的现实环境中磨练自己。绝大部分青少年都是有理想、有抱负的，他们对现实的环境和条件普遍表现出不满足，总是想通过自己的努力奋斗来改变现状，但对于到底该怎样改变又显得到比较茫然，这就需要在日常的生活当中通过磨练自己来积累竞争的资本，从小的竞争舞台走向大的竞争舞台。这是对自身的一种磨练，同时也需要很大的勇气。

（*4*）要注意培养自己的创造性思维能力。一位未来学家曾预言：“从某种意义上我们可以说，历史留给人类惟一的任务就是要求每个人都必须从事不同程度的创造性工作，而这一任务的完成，只有创造性地发掘和培养每一个受教育者的创新精神，才有可能。”因此，为了适应未来的竞争，青少年应在平时的学习中努力开拓自己的创造能力，以便于创造性思维的培养。比如说，积极的参加兴趣小组，阅读课外书籍，创作小论文等。

（5）在竞争中要能审时度势，扬长避短。一个人的需求、兴趣和才能是多方面的。如果在实战中注意挖掘，就有可能带来“柳暗花明又一村”的新局面。这样不仅能增加成功的机会，减少挫折，而且还会打下进一步发展和取胜的好基础。当然，成功了固然可喜，失败了也问心无愧，如果从中悟出了一番道理，或者在竞争中学到了知识，增长了才干，那么这种失败或许更有价值，它很有可能会成为明天成功的起始。

总之，青少年在面对竞争时，应多一份坦然，少一份惊恐；多一份自信，少一份软弱；多一份努力，少一份埋怨。当你斗志昂扬地去接受每一次来自生活或学习的挑战时，你会发现，其实竞争并不是你想象得那么残酷，那么可怕。而且，当你真正地进入到竞争状态时，你会发觉自己突然活得充实起来，因为你会在竞争中找到了自己的人生价值所在，你甚至会找到那种不得不佩服自己的美好感觉。人生不正是因为有了奋斗才变得多姿多彩吗？人不正是因为有了竞争才让自己走的更远了吗？